国王的奔跑

陈诗哥 / 著

人民文学出版社

图书在版编目（CIP）数据

国王的奔跑 / 陈诗哥著. -- 北京：人民文学出版社，2025. --（课文里的作家）. -- ISBN 978-7-02-019323-3

Ⅰ. G624.233

中国国家版本馆CIP数据核字第2025PR9857号

责任编辑　周方舟
装帧设计　黄云香
责任印制　王重艺

出版发行　人民文学出版社
社　　址　北京市朝内大街166号
邮政编码　100705

印　　刷　小森印刷（北京）有限公司
经　　销　全国新华书店等

字　　数　45千字
开　　本　710毫米×1000毫米　1/16
印　　张　8.5
印　　数　1—5000
版　　次　2025年8月北京第1版
印　　次　2025年8月第1次印刷

书　　号　978-7-02-019323-3
定　　价　30.00元

如有印装质量问题，请与本社图书销售中心调换。电话：010－59905336

出版说明

阅读是提升核心素养，提高语言文字应用能力、思维能力、审美创造力的重要途径。《义务教育语文课程标准(2022年版)》明确提出："关注个体差异和不同的学习需求，鼓励自主阅读、自由表达；倡导少做题、多读书、好读书、读好书、读整本书，注重阅读引导，培养读书兴趣，提高读书品位。"在此背景下，我们特别策划了"课文里的作家"系列丛书，精心挑选那些作品曾被选入课本的优秀作家，将他们的经典作品编选成集。

人民文学出版社"课文里的作家"是一套面向中小学生的语文教材配套读物，具有如下特点：

一、与教材配合紧密，深度呼应统编语文教材"教读—自读—课外阅读"三位一体的教学体系，为中小学生铺设从教材出发走向广袤阅读世界的阶梯和通衢。丛书以教材中的选篇为原点，系统梳理每位作家的经典作品，编选上结构清晰、难易分明，兼顾了课内学习与拓展阅读的需要，帮助学生有效实现课程内外衔接。

编辑理念方面，尽量保留作品的原汁原味，方便学生领略作品的原生态、作者语言的多样性，以及随着时代变迁，语言、文化所经历的历史性变化。

二、贯彻1+X理念，规划分级阅读体系，兼顾学生学习梯度和进阶需要。选文既注重经典性，又注重丰富性。除选入与教材关联性较强的作品之外，有意识选入作家不同体裁类型的作品或篇幅稍长些的作品，方便学生进行延伸阅读，提升阅读能力。

小学阶段以童话、故事、寓言、儿童诗、叙事性作品等为主，中学阶段则安排小说、散文等多种文学体裁。考虑到不同年级学生的差异化阅读需求，我们特别为一、二年级书目配备了全文注音，其他年级则为生僻字、易错字注音；必要时，对一些难懂的字词做了注释。既方便低年级学生独立阅读，也兼顾了高年级学生自主阅读能力的提升。

三、每本书后特设"作家的故事"栏目，旨在深化学生对课文作家的了解及创作背景的认知，延伸课外阅读路径，强化读写能力；同时为教师提供教学资源和思路，教师可将其作为素材与课内教学配合使用。

四、特邀资深插画师精心绘制插图，形象化呈现关键情节。用图画关联生活经验，辅助青少年读者自主阅读的同时，也希望通过视觉上的愉悦体验激发学生的阅读兴趣，使他们在享受文字魅力的同时，也能感受到多维美的熏陶，提升艺术鉴赏能力。

阅读是实现文化传承的重要手段，是塑造完满精神的核心路径。希望这套精心选目、严谨编校推出的系列读物，能够切实解决广大教师、家长选书难的问题，为学生的课内外自读和"课后三点半"阅读活动提供支持和方便；有效引导中小学生加深对课文的学习和理解，提升语文能力，进而养成良好的阅读习惯，品悟文学与文化之美，涵养性情，滋养心灵。

人民文学出版社编辑部
2025年5月

目 录

宇宙的另一边 …………………… 1
如果世界重新开始 ……………… 20
国王的奔跑 ……………………… 24
大海在哪里 ……………………… 39
窗口的故事 ……………………… 60
几乎什么都有国王 ……………… 65
风居住的街道 …………………… 71
　附：如何把风译成汉语 ……… 98
一个故事的故事 ………………… 102
捡到一个童话 …………………… 110

作家的故事 ……………………… 126

宇宙的另一边

我趴在窗台上，看着浩瀚(hàn)的星空。

我在头上打开一个小孔，让星光洒进我的身体。

我听见星光在我身体里汩(gǔ)汩流动，它要告诉我一个秘密。

在很远很远的地方，宇宙的另一边，是这一边的倒影。

也就是说，在很远很远的地方，在宇宙的另一边，有一个一样的国家，一样的城市，一样的街道，街角处有一所一样的房子，房子里有个一样的孩子。

那个孩子是另一个我吗？

他的名字也是叫馒头，抑(yì)或是包子？

当我把手伸向书包，拿出作业本的时候，他在干什么呢？他是不是已经做完了作业，正把作业本放回书包？

当我气喘吁（xū）吁爬上楼梯的时候，他是不是正下楼去买可乐呢？

当我向左走，他就会向右走吗？

我有爸爸妈妈、爷爷奶奶，他也有爸爸妈妈、爷爷奶奶吗？我的爷爷爸爸可淘气了，他的奶奶妈妈很温柔吗？

从我窗口看出去，有两棵苹果树，那从他的窗口看出去，会有什么呢？会有两棵梨树，而树上有一只鸟窝，里面住着两只小鸟吗？每天早上，我总是听见鸟叫，但从来没有见过它的影子。

当我考60分的时候，他会不会考90分呢？他会不会取笑我？

当我趴在窗台看星空的时候，他会不会也趴在窗台看星空呢？我们的目光会在哪里相遇？

星光是从他那边传过来的吗？

这个秘密是他告诉我的吗？

在很远很远的地方，宇宙的另一边，真的是这一边的倒影吗？

在宇宙的这一边，我是一个男孩，但在宇宙的另一边，另一个我是一个女孩吗？天啊，真的是女孩吗？

如果我是一个女孩，会发生什么事情呢？

会像周柔那样踮（diǎn）起脚跟走路吗？

会像白叶那样说完话后鼻子会哼一声吗？

会像林悦那样经过我身边时假装毫不在意，然后又偷偷看我一眼吗？

天啊，如果我真的是一个女孩，会有多少麻烦事啊？

第一，不能爬树；

第二，要勤洗手，因为没有一个女孩的手是脏乎乎的，白叶的手就一天到晚都是白皙（xī）白皙的，就像昆仑山上的美玉，这是她自己说的；

第三，可能会偷偷地喜欢一个男生，就像林悦偷偷地喜欢我。天啊，我怎么会喜欢一个男生呢，像巴乐那样经常挂着两条鼻涕的男生！

第四，没有第四了，因为绝对不可能！

我绝对不会是女孩，我是男孩，如假包换的男孩。

但在很远很远的地方，在宇宙的另一边，女孩真的是男孩的倒影吗，正如男孩是女孩的倒影？

这句话到底是什么意思？

假如在宇宙的另一边，那另一个我，真的是一个女孩，那会怎么样呢？

她会涂口红吗？花蔚蔚有时候就会拿她妈妈的口红，把嘴唇涂得红红的，有时候像两条蚯蚓，有时候像两根腊肠。

她会穿裙子吗？如果她真的是一个女孩，我倒是愿意她穿裙子，最好是白色的连衣裙，这样，她就会像一个诗人所说的，像一朵风中的雪莲。但风中的雪莲会认为我是地球上的一堆牛粪吗？

我偷偷打量一下自己，果然有些牛粪啊。

但却是风中雪莲旁边的牛粪。

风中的雪莲喜欢在河边散步吗？喜欢在柳树下的椅子上歇（xiē）息吗？

我时常看见白叶在河边散步，在柳树下的椅子歇息。但她一点都不像风中的雪莲。有一次，她对我说：来吧，跟我一起散步吧，你真像一只蜗牛。

呸，我才不是蜗牛，我是牛粪，风中雪莲旁边的牛粪。

不过，在很远很远的地方，在宇宙的另一边，牛粪真的是风中雪莲的倒影吗？

这句话到底是什么意思？

在宇宙的这一边，雪是白色的；那么，在宇宙的另一边，雪是黑色的吗？

雪为什么是黑色的？

因为它不可能是白色的呀。

在宇宙的这一边，河水往东流；那么，在宇宙的另一边，河水往西流吗？

河水为什么往西流？

因为太阳从西边出来呀。

在宇宙这一边不可能的事情，在宇宙另一边就可能了吗？在宇宙这一边不会动的东西，在宇宙另一边就会动了吗？

例如石头，在我们这里，它只有满脑子的思想，却没有生命；但在宇宙的另一边，它会不会像花朵一样开放，或者像人一样行走？

好吧，在宇宙的这一边，花生是长在地下的；那么在宇宙的另一边，花生是长在空中的吗？

花生为什么要长在空中呢？

因为有趣啊！

长在空中的花生会不会更甜呢？

会啊，它吸收更多的阳光和空气，它没有办法不甜的。

就因为这样，它们会不会长成巨无霸呀？

会的，它们挂在空中，挂在花生藤叶中间，看上去就像一辆辆坦克。

或者，在宇宙的另一边，他们的坦克真的是用花生做的呢！

哇塞，这样多环保！又便于伪装！而且很有创意！

难道不是这样吗？如果我们这一边向他们学习，改用花生来制作坦克，该多有趣啊，在战场上进行这样的花生大战，想必也很有趣啊！

如果用花生仁来做炮弹，那死的士兵就不会那么多了。

而且，花生浮在水面上不会沉的，如果利用这一特点，稍加改造，便可以做成两栖（qī）坦克，水陆皆可用。这一定会让国防部长很兴奋的！

这真是一个好主意呢！明天，我就给国防部长写一封信，建议用花生来制作水陆两栖坦克，仅从节省军费的角度来看，他就得马上同意我的建议。

坦克有了，我应该再费些心思设计一些战斗机，为国家做出杰出的贡献。

我要发明一些连宇宙另一边都没有的战斗机。

那么，既环保、又有创意、又不会打死人的战斗机会是什么样子的呢？

于是，我的眼前出现了这样的一幕：在辽阔的试验田，在一排排瓜藤上，长着一条条巨大的茄子、青瓜、苦瓜、丝瓜，还有西瓜。

是的，在宇宙另一边的另一个聪明的我，你猜得没错，我是准备用茄子、青瓜、苦瓜、丝瓜来制造战斗机。原理跟花生号水陆两栖坦克一样，伪装性很强呀。我想，只要在帝国附近开辟一块农田——实际上就是我们的机场，而我们的士兵就伪装成农民，穿着农服，托起犁耙，在那里犁田、播种、施肥、浇水、除草，等到瓜类成熟时，士兵们就驾着茄子号战斗机、青瓜号战斗机、苦瓜号战斗机、丝瓜号战斗机，飞过边界，对敌人发动突袭（xí）……

伪装性这么强的突袭，是没有不成功的。

发射出来的炮弹，便是一颗颗的瓜子，清凉可口。这样的话，那些嘴馋的敌人尤其是小朋友，肯定会归顺我们的。

而燃料呢？我当然用植物油啦，够环保啊。石油总有一天会用完的，而且污染环境，不能再用了。

到那时候，大概总统就得任命我做国防部长了吧。

到那时候，我就让我的将军、士兵都种田去！

至于西瓜，大概你会问，准备用来干什么呢？

没错，我准备投入巨大的资金，安排最聪明的科学家，让他们夜以继日地研究，我要把西瓜做成全宇宙性能最好、最环保的宇宙飞船。

然后，我驾着西瓜号宇宙飞船，穿越茫茫宇宙，到另一边去拜访亲爱的你。

第二天早晨，我并没有驾着西瓜号宇宙飞船，而是背起书包出门向左走。

在那很远很远的地方，在宇宙另一边，另一个我会出门向右走吗？

第一节课是讨厌的语文课，那在宇宙另一边，第一节课会是让人喜欢的语文课吗？

在这边，我们的语文老师是胖胖的河马老师，那在宇宙另一边，他们的语文老师会是温柔美丽的仙鹤(hè)老师吗？

上课铃声响起了，我看见大腹便(pián)便的河马老师走进来了，但同时，我仿佛也听见，在很远很远的地方，在宇宙另一边，上课铃声响起来了，美丽苗条的仙鹤老师走进教室。

河马老师和仙鹤老师都开始上课了。

我该听谁的课呢？

两边都听听吧。

就这样，我的灵魂穿梭(suō)在茫茫的宇宙中，所以精神难免有些恍(huǎng)惚(hū)。

突然，我感到同桌用手指戳(chuō)了一下我的腰，原来是河马老师见我的灵魂不知道飘到什么地方去了，便点名叫我起来口头作文，题目叫作《如果上课不听讲灵魂不知飘到哪里去了是不是应该受罚起来作一篇口头作文呢》。

我站起来，嗅（xiù）了嗅鼻子，灵魂便从宇宙另一边回来了。

教室里静悄悄的，同学们都不敢说话，生怕被河马老师叫起来口头作文《如果上课不听讲随便说话是不是应该受罚起来作一篇口头作文呢》。

在那一瞬间，我做了一个决定，我想把我在宇宙另一边看到的听到的告诉大家。

我说："在那个遥远的地方，也就是宇宙的另一边，我刚从那里回来。那里的作文课从不在教室里教……"

我故意停了一下，偷偷看了一下。是的，同学们呆住了，但河马老师不动声色。

我继续说下去："在宇宙的另一边，那里的作文课不叫作文课，而叫活动课，也就是说，作文课大家应该出去活动一下。因为教育家们认为，与其在教室里空想，不如到外面广阔的天地里，呼吸一下新鲜的空气，观察一下花尖上的露珠和昆虫，聆（líng）听一下云朵移动的声音和草丛中的窃窃私语。那里的教育家认为，要写一篇好玩的文章，就要做一个好玩的人，做好人便是作好文。

"那里的作文课也分自由作文和命题作文啊。自由作文的意思是，学生可以根据自己的兴趣进行活动，如果你想写一篇风的作文，那你得去追逐风，或者闭上眼睛去感受风，感受它们的喜怒哀乐，感受它们的所思所感，感受它们日常的活动，它们饭是怎么吃的，水是怎么喝的，生气的时候是怎样的，开心的时候又是怎样的。就这样，那里的学生感受着风，会发现自己慢慢变成风，最后在天空飞起来。这样的作文就是满分的作文。如果只能在半空中逗留一会，那大概是80分。如果飞不动，那就是不及格了。"

有同学伸开双手，轻轻地扇动，看自己能否飞起来。

我继续说："同样，如果你想写一棵树，如果你想得满分，那你得想办法把自己变成那棵树。在变成树之前，得先把自己变成一颗种子。那里的学生要让自己的心灵像种子一样发芽，树木一样长高，天空一样庇(bì)护苍生。这样的作文会得很高分的。

"而命题作文，就是由老师布置题目，学生根据老师的要求去变成那个事物。例如，如果老师要求写一篇'猫'的作文，那你会发现，整个操场、整个校园都是猫叫，课桌下、窗台上、桃花树下、喷水池边……站着一只只弓着身子的猫，那个时候我相信就是老鼠颤(chàn)抖的时候了……"

我停住了，不说了，因为这时候，教室里响起了一片猫叫声，越来越多的猫叫声……

河马老师好不容易才让"小猫们"平静下来了。

但大家还是在嚷(rāng)嚷着说："我们也要像宇宙的另一边那样写作文！""这样的作文多有趣啊！""我们抗议现在的作文课！"

课堂有些失控了。

但河马老师不愧(kuì)是河马老师，他面不改色心不跳，微微笑着说："好啊，如果大家都不能像风一样飞起来，那就没有人及格了。"

但没有人理会河马老师这句话，大伙七嘴八舌、手舞足蹈，议论在宇宙另一边的情况，一张张小脸都涨得红红的。

幸亏这时候，下课的钟声敲响了。河马老师吼道："下课。"就匆匆逃离了这个已经"爆炸"了的教室。

下课了，大伙围在我的周围，叽叽喳喳地问我关于宇宙另一边的事情。

例如学校是不是15：30就放学了？

一年是不是有四个假期？

那里的老师是不是每年要四次听由学生主讲的课，接受学生的教育？

……

一直到下一节数学课的铃声响起来。

数学老师一脸严肃地走进来，班上顿时鸦雀无声。

在众多老师中，数学老师是最严肃的，因为他认为，数学是最严肃的，讲究的是精确，不能开半点玩笑。

那么，在宇宙另一边，他们是不是也开始上数学课了呢？他们的数学老师是不是很幽默的呢，就像马戏团的老师？

我又走神了。

我不知道我的数学老师已经开始提问了。

幸好在数学老师点我的名之前,我回来了。

数学老师让我解答:

[8×(20-1.25+3)÷4+6-7]×11-9=?

我站起来,摇摇头说:"在很远很远的地方,在宇宙的另一边,算术不是这样子的。"

数学老师愣(lèng)了一下,居然没有发火,问:"那是哪样子的?"

教室里静悄悄的,同学们嘴角动动,蠢蠢欲试,但又好不容易控制住自己。

我说:"在宇宙的另一边,算术是这样子的:大地万物加冬天的一场大雪等于一片白茫茫。这样又等于无数小孩子的欢笑声。无数的孩子会从家里冲出来,打雪仗、堆雪人、滑雪橇(qiāo)……这样,大地万物加冬天的一场大雪又等于无数孩子的节日。"

"噢。"数学老师沉吟道。

我继续说:"三只碟(dié)子加一只黑色的小猫会等于多少呢?等于十八片碎片和一只将要受责罚的黑色的可怜的小猫。还有一条狗可能会幸灾乐祸。

"而一座大厦减四根支柱又等于什么？等于无数的残垣（yuán）断壁，或等于一出大悲剧。在无数的残垣断壁下面，是被压着的数以千计的人，这些人有的已经死去，有的在等待救援。哭声、求救声、消防车的警笛声等等，乱成一片。所以，在宇宙的另一边不会随便使用减法的，也绝不会有什么偷工减料的人。"

"那他们的乘法又是怎样的呢？"数学老师眼睛眯成了一条线。

我说："早春二月乘'吹面不寒杨柳风'乘'春雨贵如油'等于'春风又绿江南岸'；又等于'碧玉妆成一树高，万条垂下绿丝绦（tāo）'；又等于'黄四娘家花满蹊（xī），千朵万朵压枝低。留连戏蝶时时舞，自在娇莺恰（qià）恰啼'；又等于'草长莺飞二月天，拂堤杨柳醉春烟。儿童散学归来早，忙趁东风放纸鸢（yuān）'……在宇宙的另一边，人们最喜欢这种乘法了。老师，我们也去学这种乘法吧！"

数学老师没有理会我的提议，他沉思着问："那，除法呢？"

我说："到了秋天，一片树林除一阵秋风等于满地的落叶。这时候,人们最喜欢的便是在树林里散步,踩着沙沙的落叶散步,他们无须言语,因为沙沙的声音已经充满了无尽的意味。"

"那我们怎样才能去到宇宙的另一边?"数学老师已经落入沉思的深处,他出不来了。

我当然没有提到西瓜号宇宙飞船的事情啦,那是我的秘密,而是说:"在那里的数学家正在破解一道最复杂的方程式,只要这道方程式破解了,我们就可以穿过茫茫的宇宙,去拜访居住在宇宙另一边的人们。"

我说完了,就坐了下来。

教室里却静悄悄的,大伙都多么希望学习宇宙另一边的数学啊,多么希望和宇宙另一边的人们一起散步,一起堆雪人、打雪仗、滑雪橇,一起"儿童散学归来早,忙趁东风放纸鸢",一起散步,一起聆听那踩在落叶上的沙沙声。

大家都静静地想着,一直到下课的钟声响起。

数学老师连"下课"都没说,就若有所思地走出了教室。大概,他是在酝(yùn)酿(niàng)一篇关于宇宙另一边的数学论文吧。

放学了，趁同学们包围我之前，我溜回家了。

睡觉前，我依旧趴在窗台上，看着浩瀚的星空。

我依旧在头上打开一个小孔，让星光洒进我的身体。

我依旧听见星光在我的身体里汩汩流动，它们还要告诉我很多秘密。

我趴在窗台上想着另一个我，而在宇宙的另一边，那个很远很远的地方，他是不是也趴在窗台、看着星空、想着我呢？

我思索着如何实施我的计划，如何发明出花生号水陆两栖坦克、茄子号战斗机、青瓜号战斗机、苦瓜号战斗机、丝瓜号战斗机，还有西瓜号宇宙飞船。

我侧着耳朵，听着星星们说话：

宇宙的另一边，是这一边的倒影。

于是，我用水盆装满了一盆水，放在窗台上，星星一颗颗落在水盆里了。

星星告诉我，在我睡着之后，它们就会在水盆里发芽，长叶，长出巨大的花生、茄子、青瓜、苦瓜、丝瓜，还有西瓜。

这样，我就可以用它们来发明水陆两栖坦克和各种环保战斗机，更重要的是，我要发明西瓜号宇宙飞船。

这样，不仅总统会任命我做国防部长，我还可以驾着西瓜号宇宙飞船，穿越茫茫宇宙，到那个很远很远的地方，拜访另一个我。

但是，在宇宙另一边的你，真的，是女孩吗？

如果世界重新开始

如果世界重新开始,将会发生什么事情呢?

如果世界重新开始,那将是一个早晨,不,那时候,早晨不再叫早晨,而叫"安古",那是婴儿发出的第一个声音。

"早晨"是一只鸟儿的名字。

因此,每个安古我们都会听到早晨在歌唱。

如果世界重新开始,天空也不再叫天空,而叫游泳池,一个巨大的游泳池。

云也不再叫云,而叫鱼。

太阳也不再叫太阳,而叫土豆。太阳是一条狗的名字。

每天，当土豆升起来的时候，我们会看到白色的、红色的、蓝色的鱼在巨大的游泳池里游泳。而太阳在下面汪汪叫。

如果世界重新开始——
天空是一只猫的名字；
月亮是一头猪的名字；
云是一头牛的名字；
而星星则是一只鸡的名字。

如果世界重新开始，风就会快乐地吹过来。
不，那时候，风也不再叫风了，而叫什么呢？
大象。
同样。玫瑰也不再叫玫瑰了，而叫什么呢？
老虎。
同样，树木也不再叫树木了，而叫什么呢？
豹子。
同样，草儿也不再叫草儿了，而叫什么呢？
狼。

于是，我们就会看到这芳香的一幕：

如果世界重新开始，大象会快乐地飞过来，在老虎的旁边轻快地跳舞，而豹子和狼在旁边鼓掌，大声叫好。

如果世界重新开始——

老虎也不再叫老虎了，而叫七弦琴；

大象也不再叫大象了，而叫小提琴；

黑熊也不再叫黑熊了，而叫钢琴；

长颈鹿也不再叫长颈鹿了，而叫二胡；

猴子也不再叫猴子了，而叫吉他。

那么，星期天我们将会干什么呢？

我们将会去动物园，看凶猛的七弦琴、小提琴、钢琴、二胡和吉他。

在动物园里，这些凶猛的动物会仰天长啸，举行一场伟大的演奏会。

不过有时候，它们看着我们，心里也会在嘀咕：这些像猴子，不，像吉他的家伙到底叫什么呢？

是啊，如果世界重新开始，人会叫什么呢？
石头？菠萝？一截桃花心木？还是一只乌鸦？

你的答案是什么呢？
仙人掌。

国王的奔跑

一

在夏季，每个日子都是很长的。"长得就像下雨前蚂蚁的队伍。"我爷爷这样说。说着的时候，一队蚂蚁如长长的黑线在我爷爷眼底下走过。

那时候，每个孩子都有他的领地。我爷爷每天都拖着一根长长的木薯棍，带着狗儿小黑，穿过细碎的野菊花香气，在日光下奔跑，巡视他的国家，就是几棵树、一口水井、一个小山坡、一间鬼屋、一栋炮楼、背后的田野、远一点的玉米地、蚂蚁窝、田鼠洞，还有偌大个天空。

他的领土还是很大的，不会比任何一个国家小。他会在每块领地上都待上一会，或观察一番，或沉思一番，有时甚至动手清除几棵杂草，扶正一棵玉米，然后才跑往下个领地。有时，他会向路过的大雁挥手致意，邀请它们明年再来。有时，他会为几个夜游神让路，他们背着小包袱，三几个在路上慢吞吞地走着，他们喜欢打牌、吵一点小架、说一些小谎。有时，他又会充当仲裁者，为居民们解决纠纷。由于有他的精心照料，他的领土国泰民安，风调雨顺。所以到了晚上，田里的居民会抒发对国王的热爱之情，青蛙、蟋蟀、蛇和星星彻夜歌唱，而我爷爷则在睡梦中听见稻谷咕噜咕噜喝水的声音。

有时，我爷爷会遇到其他孩子在巡视他们的领地，这些奔跑的孩子，跑得满头大汗，跑得风如轮转，光辉灿烂。他们会在田垄（lǒng）上相遇，或者在龙眼树下一同歇息，匆匆彼此问候，了解兄弟国家的情况，然后又彬（bīn）彬有礼地道别，匆匆跑开。他们每天都跑个不停，因此也有了一些国王才有的特点：忙碌、骄傲和一些忧愁。

国王的每一天都是新的，因为他每天都有新发现。

我爷爷经常跑到我奶奶的村庄，告诉她他的蘑菇好神奇哦，一夜长满了屋后的菜园，甚至长到天上，因此，天上的云朵都成了蘑菇形。还有一次，他的小鸡也好神奇哦，不知怎的，也都跑到天上去了，因此，天上的云朵都变成了小鸡的样子。

雀飞哥的亲戚众多，散布在周边各个国家里，他热情地把他的三姑六婆七婶八姨都接到我爷爷的国家来，所以门前的苦楝（liàn）树上有九个大鸟巢，每天这些麻雀叽叽喳喳，指指点点，议论着这个国家的各种事情：譬（pì）如母鸡小花今天又没有生蛋，狗儿小黑把骨头埋到屋后的地里，等等。

田鼠肥弟一家又添了新丁，各路鼠类纷纷道贺，整整开了三天宴会。这些地主呀，个个脑满肠肥。他们自己不种田，却很富有。

最忙碌的是蚂蚁兄弟，一天到晚都在深挖洞，广积粮，所以，蚂蚁才是这个国家里最低调的富翁，因为他们是最勤奋的。

最快乐的要数小山坡上的草姑子，满山坡的草姑子啊，一有风来，就翩（piān）翩起舞，每一刻都在赞美这个国家的美丽。

而那鬼屋和废弃的炮楼种着万年青，经常有些蝙蝠进出，但你可以放心，这个国家没有监狱。

听着这些，我奶奶会像书记官一样点点头。当然，也有人说，像王后。

后来，有这样的一天，所有事物都显示出最好的容貌：公鸡多拉温柔地替母鸡考拉梳理羽毛，两棵油菜花甜蜜地挨在一起，刚刚出生的一条小丝瓜兴奋地向他的哥哥姐姐们问好，空气中散发着一股甜味。

我爷爷照例巡视了一遍他的领土，然后心满意足地跑往我奶奶的村庄。在途中，他汗津津地躺在草坡上歇息，看着白云飘过蓝天。这时候，天空是多么的高啊，以至于我爷爷举起双手，忍不住想："我可能一辈子也够不到它。"

"可是，哪有国王从不踏足的领地？"我爷爷这样说。

我爷爷仔细观察他的天空。才发现他只能远观的那片领地是多么的神奇。那里不仅是太阳、月亮和众星辰的居所，还有许多高矮肥瘦的小朋友玩着游戏，若有什么风吹，草丛里会窜（cuàn）出个腼（miǎn）腆（tiǎn）的小兔子。四周种满了洁白的果树，花团锦簇（cù），一天有七十二种变化。房舍若隐若现，人们安居乐业，幸福地生活着。我爷爷说："那里将是我的王宫。"

"可是，哪有国王不住在他的王宫里呢？"我爷爷这样想。

一股国王的悲伤与豪情传遍他的心田：他要巡视他天上的领地。

那时我爷爷已来到我奶奶屋后的南瓜地里。旁边有几畦（qí）豆角、芋头、花生，那是某个大男孩的领地。风呼啦呼啦吹过远处的玉米地，几分钟后也会吹动我爷爷的头发和南瓜藤硕大的叶子。我爷爷在沉思。他没把心事告诉别人，只告诉我奶奶。

我奶奶观音①呆了一下，然后才转身去安慰受惊吓的动物。

二

第二天，天还没亮，我爷爷罗汉就醒了。

他站在蓝色的牵牛花下面，等着阳光先落在草坡上，然后再落在他的脸上。阳光似乎唤醒了他身上那种神秘的力量，使他暂时忘记所有东西。他欢叫一声，就拿起木薯棍，和小黑开始了新一天的奔跑。

阳光像一道道欢快的溪流倾泻而下，我爷爷把它们撞得飞珠溅（jiàn）玉，有些悬（xuán）在草尖上凝成硕大的露珠；有些挂在树枝上长成甘甜的果实；有些溅落在小河面上，随着白花花的河水流向国外。我爷爷的脸却亮晶晶的，就像一个送光明的童子，所到之处，黑暗就消失了。"我从没这样愉

---

① "观音"是奶奶的绰号，后文的"罗汉"是爷爷的绰号。

快啊!"我爷爷说。于是,他长啸(xiào)起来。这啸声清新、激越,阳光就铺满了整个大地。

此时人们正在温暖的被窝里,或许打了个侧,咕噜说了声什么,又睡过去了。

我爷爷感到每一处肌肉都释放出恰到好处的力量。他在想:"为什么整个世界都颤抖起来了啊!"这真是一种非常大的喜悦,这个国家也装不下,正向全世界溢(yì)去,树木簌(sù)簌地响。

以往我爷爷有一个固定的奔跑线路,小草坡是他的最后一站。但当他跑到水井的时候,突然打了个激灵,改变了方向,直接跑向了草坡。草坡上住着一只兔子,正在洞门前荡秋千,突然看到国王驾到,一下不知怎么办才好,嘴里的胡萝卜掉了下来。很显然,它还没做好迎接国王的准备。这让我爷爷歉疚不已,但也让他想到:国王要巡视他天上的领地,最好先通知他天上的臣民,让他们做好准备,免得有失礼仪。

于是,当他回到家里,便拿出原打算在中秋时放的孔明灯,他想:"还要写一封信。要这样写:'我要来看你们了,请你们做好准备,我们可以一起玩游戏。'"他把信挂在孔明灯的铁线挂钩上。

点火仪式是在小草坡上举行的。那时候,没有风,草姑子们愣愣地看着,兔子躲在门后捂住一只眼睛观望。孔明灯载(zài)负着我爷爷的使命,缓缓地升上天空,向西北方向移动,越来越高,就好像一个沉默的小铃铛,就要看不见了。

"小黑,追!"我爷爷用木薯棍一指,发出指令。

那时候,我爷爷村庄的风俗是:追着孔明灯跑,直至把它捡回来。于是,他们就开始奔跑了。

小黑欢快地叫着,叫声明亮而清澈,所落之处,日后会长出美丽的花草,那时候人们考察我爷爷的线路时,会重温这一欢畅的奔跑。

他们跑出了自己的领土,进入好几个国家。我爷爷都一一停下来,向它们的国王问好,并请求允许自己通过。他都一一获得批准。于是,我爷爷也顺便对这些陌生的土地进行一番考察。他有时迷失在绿色的大玉米叶子中间;有时在红土蚂蚁穴周围漫步;有时把迷路的七星瓢虫送回家;有时为鱼儿跃出河面的英姿喝彩,阳光闪闪发亮。他记住了番茄鲜红的色彩,那是他第一次看见这个品种。他也记住了一个像狼牙棒一样粗壮的苦瓜,这要数方圆几十个国家里最大的。屎壳郎喜滋滋地品尝着美食,蜻蜓进行了滑翔表演,一只白头翁还追绕着我爷爷,一定要为他献出最动听的歌声。这些异国风情让我爷爷十分着迷,要不是小黑汪汪的叫声,他一定会忘记了追赶孔明灯的。他们继续奔跑,跑过了一些土坡和山丘,花草树木都在向他们致敬。

孔明灯的柴火终于要熄灭了,徐徐下降,最后像一座白色城堡笼罩在一棵小松树上。

然而,孔明灯的信不见了,不知是被风刮走了,还是被路过的大雁叼去,但我爷爷坚信,是他天上的臣民拿去了。

三

确认天上的居民收到信后,国王的心情十分愉快,他在想:"天上的居民肯定比我更激动,因为他们的国王终于要来看他们了。"

不过,他并没有去想如何才能上天。他的心中有一个声音:"跑吧,只要跑下去,总有一天,你会跑上天的。"于是,他听从内心的召唤,带着小黑,继续巡视他的国家,为民众排忧解难。人们都在注视这欢快的一对,地上再没有比他们更开心的了。

那是一个温和、湿润的日子,阳光像被水洗过一般清凉。我爷爷巡视完领地后,心里那个声音就对他说:"上山。"于是,我爷爷就跟我奶奶告别,向横在村子东南边的大山跑去了。

据说,那山不是一般人能去的地方。山下的村落都墨守这一规矩。那里的树木显得更加高大,郁郁葱葱,就像威武的将军守护着山上的一切,让人们敬畏。我爷爷以国王的礼仪,谨(jǐn)慎(shèn)、恰当地表达他的问候。树将军们也得体地在风中还礼,"哗啦,哗啦"。这是一个美好的信号,意味着我爷爷获得了在山上奔跑的权利。

这山不属于任何一个孩子,我爷爷知道,它自成一国。这国度流传着许多传说,村里的老人会时常在大树下说起。如果你听见一只狼在悬崖边孤独地唱歌,你的心脏大概会被撞击一下。如果你看见了一只老虎和一只野猪并肩而行,称兄道弟,你大概会以为在梦中。但在这里,没有什么事情会被认为是稀奇的。

起初，山中万籁（lài）俱寂，只有鹧（zhè）鸪（gū）偶尔鸣叫几声。起伏之间山中更显幽寂。我爷爷一阵小跑，地上是松软的腐叶，踩上去就像高贵的地毯（tǎn）。我爷爷察觉到，山上的居民似乎都躲在某个地方看着他，枝叶间光芒闪烁。我爷爷感到有些不安，一种孤独的情感从他的左肩蠕（rú）到右肩，那是一条孤独跋（bá）涉（shè）的蚯蚓。他忍不住长啸起来。啸声由低到高，由缠绵到激昂回荡在山谷之中，引起一连串回音。

没想到，这啸声就像一只手揭开了阴冷的序幕。

先是一记清脆的长鸣"喔——喔——喔"汇入到长啸中，羽毛鲜艳的松鸡迈着舞步，从灌木丛中走出；黑熊在洞穴里醒来，拉着手风琴，唱着歌，它那优美、富有磁性的男低音净化了人们的心灵；松鼠从树上跳下，手中玩着抛松球的杂技；野猪不知从什么地方窜出，它拍着自己的肚皮，敲起"咚、咚、咚"的鼓声。接着，老虎、狮子、猴子、狐狸、梅花鹿、刺猬、蟒蛇等等纷纷从各地赶来。老虎搂着梅花鹿，狮子多情地把手放在羚羊的肩上，刺猬

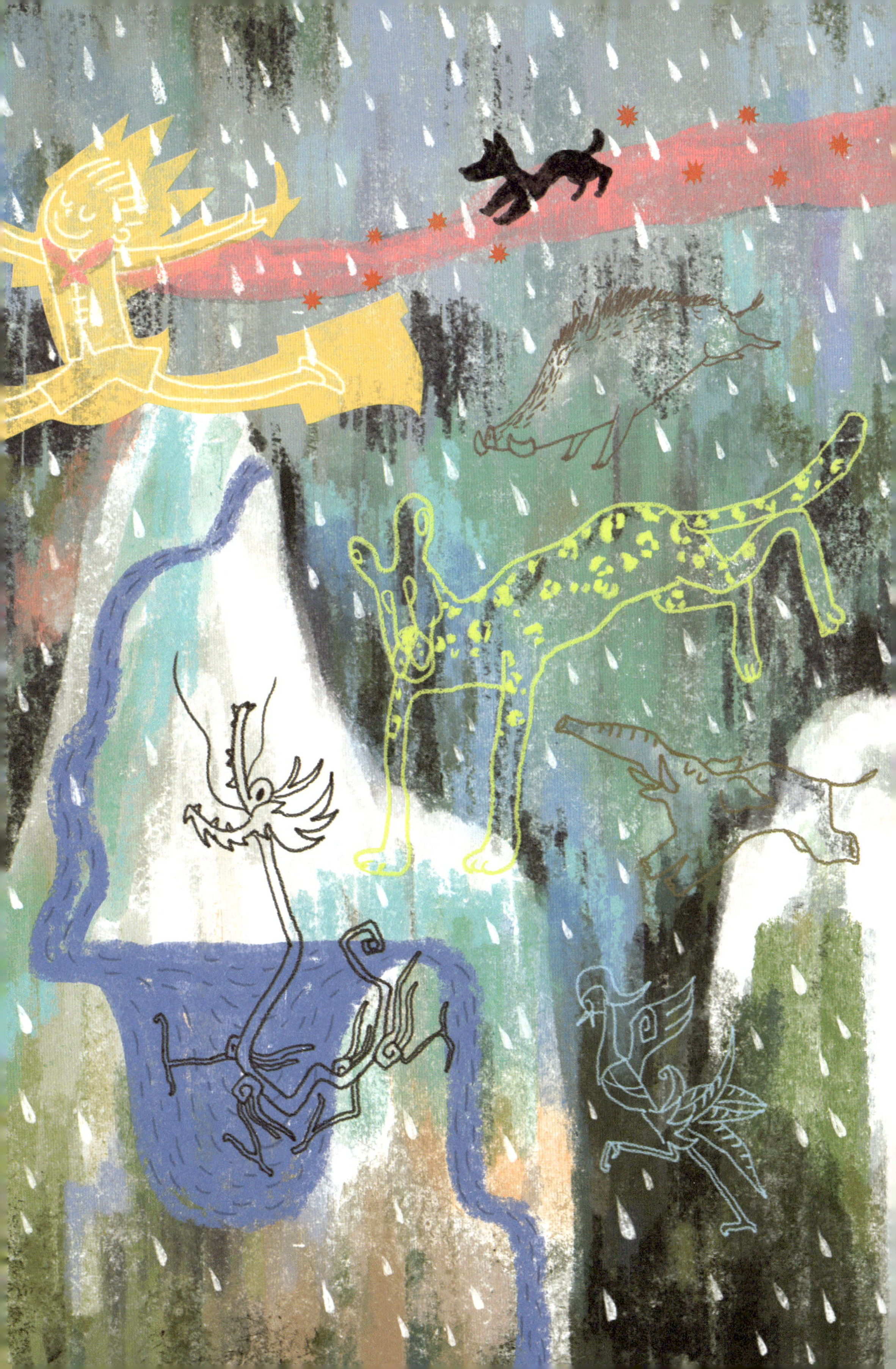

和蜘蛛站在大象的背上,它们跳起了慢三快四。一路上,越来越多的动物加入这个行列。路过的白鹤、鹳(guàn)鸟、天鹅、大雁也停止了飞翔,在半空中旋转着身子,用翅膀划出一个个又美又大的圆圈,是呀,这些美得出奇的大鸟,就是这样升起了人们无限的希望。

这个长长的队伍跟在我爷爷后面,载(zài)歌载舞,就像国王的仪仗队。

后来人们说,这是山上的居民给(jǐ)予我爷爷最大的欢迎。

我爷爷受到很大的感动,啸声更加清澈,如溪水一样四溅。他提着木薯棍,腾空而起,左冲右突,他也不压抑住内心的狂喜,他像一头狮子,不,一头大象,不,一条蛟龙,打着响鼻,像豹子,像奔马,树木迎面敞开,为这专注的小客人让出一条道路。他高高地跃起,落下来的时候又像羚羊一般沉稳。我爷爷说,他为这跃向天空又落回大地的感觉赞叹不已。这是他作为一个国王的荣耀。现在,他已看不见任何东西,听不见任何声响,只管往光亮的地方跑去。狗儿小黑就像护法,紧随我爷爷左右,它是如此地热爱它的国王。

这场盛会早已惊动了山下几个村的村民，纷纷走到村里的广场观看。

大概，也惊动了天上的人。因为这时候，晴天里，一场大雨砸了下来。好一场雨啊。有人说，那不是雨，是天女散花。

我爷爷和动物们在花雨中跑得更欢畅，山下的人们也开始舞蹈起来。

这场过云雨很快就停了。我爷爷带领着长长的动物队伍，继续沿着山脊向山巅（diān）跑去，那里没有树木，倒是长满了柔和的青草。

我爷爷没有注意到，这时候，山中升起了雾气，正慢慢地向山巅聚拢，这雾气又白又浓，就像白银一般醇（chún）厚，又像河水一样缓缓地流动，很快就遮住了花草树木，把整个大山都笼罩住了，仿佛要去掉一切多余的，而又恰好露出我爷爷他们长长的队伍。

我爷爷罗汉在云雾之上欢快地跑着。他看见了什么呢？后来他脸带微笑地跟我奶奶说，当时他眼中白茫茫一片，仿佛到了仙境，后来出现了一些亭台楼阁，小桥流水，后来又变成雄壮的名山大河，有涛声，船在水上漂，人在船上乐。再后来，又出现了一些大房子，层层叠叠，我爷爷说，这正是他的天空城堡，如此灿烂。我爷爷还说，他还看见，每棵树上都挂着零食，而大人们就坐在空地上，用白云制造玩具。幸福的孩子们都涌到我爷爷跟前，捧着刚刚制造出来的玩具，要献给我爷爷。我爷爷便和他们玩了一会弹玻璃球、滚铁环、扔沙包、砸陀螺，并鼓励他们多和地上的孩子特别是大人们玩耍。他们度过了一段欢乐时光。他还从裤兜里掏出一张旧纸片，请天上的一只小猪转交给他的一个据说升天了的朋友，大概，那是他写给朋友的信。不过那是另一个故事了。我爷爷带领着长长的队伍，一起巡视了他的天空领地，很大很大的领地，因此，他们就有了很大很大的欢喜，直至后来我爷爷累了，雾气才逐渐散去，就这样，我爷爷他们才告别天空，又慢慢回到地上来。

　　史书就是这样记载的，那个刚下过雨的午后，人们看见一个男孩带领着一群动物，跑上了天空。

　　我奶奶把这一切都看在眼里，并准备告诉若干年后的我。

大海在哪里

一

"大海,"我爷爷挨在门口听风呼呼吹过松树林,心想,"老师说,那声音就是大海的声音。"

大海的声音随着风,一下就滑了过去。这位年轻的国王心里有些悲伤,他从没有见过大海。

那天上午,老师教授"大海"一课。他激情澎(péng)湃(pài)地描述大海的盛况,讲述大海的传说。我爷爷看着课本上"大海"那个词,看着看着,这个词竟自己跳出来,慢慢长大,变成了一片水,这片水又慢慢长大,就变成了一个湖泊,再变成一片汪洋,把学校、村庄、田野、山峰还有我爷爷全都淹(yān)没(mò)了。

老师说，大海很大，像梦一样大。

结果那天晚上我爷爷就做了一夜大海的梦，涛声如瀑，碧波荡漾(yàng)，那硕大的浪花把梦都打湿了。我爷爷变成一条大鱼，在梦里游了好久，好久，好久也没游到岸边。这样，我爷爷就知道大海真的很大了。

天亮的时候，我太爷说：昨晚风在屋顶上扑腾了一夜，不知为什么。

我爷爷偷偷地笑了。

在我爷爷的故乡，不要说大海，就是一条像样点的河流，也在好远好远的地方。所以，没有人见过大海。不过，在我爷爷家门口的侧边，小水塘倒是有一口。

水塘和大海有什么相干呢？

我爷爷挨在门口看着水塘，这样想。

他知道，再过一会儿水塘就要满载夕阳的光辉，风会在水面上勾勒出丝丝金黄色的涟(lián)漪(yī)，那种景象将会十分壮观。而那两只鸭子，我爷爷叫它们为将军，正在水面上做最后的巡航。

村里有个古老的传说，几万年前，这里是一片汪洋，不知何故，在一夜之间大海搬走了。根据学校老师的说法，是发生了地震，形成造山运动，地势隆起，所以大海退去了。我爷爷知道这是科学，是正确的，可他宁愿选择相信古老的传说。

我太爷说，在很久很久以前，世界上只有两个国家：大海国和大地国，他们是两兄弟，大海为兄长，大地为弟弟。有一天，不知什么原因，两兄弟发生了争执，大海便搬到偏远的大沟壑（hè）去了，把地方让给他年轻的弟弟。大地国是一个胸怀抱负的国家，一心想干出非凡的事业。经过一番刻苦的锻造，也不知过了多少时日，他终于成为一个拥有珠穆朗玛峰、青藏高原、美洲大峡谷、非洲大草原、撒哈拉大沙漠的伟大国家了，瑰丽俊朗，雄伟非凡。不过，我太爷说，大海国依然是这个世界上最伟大的国家。

这个传说深深吸引着我爷爷。

做了一夜大海的梦之后，他的眼中溅出了波涛。为了表达对这个世界上最大的国家的敬意，他决定去寻找大海。他相信，只要找，就一定可以找到。这是规矩。

于是，他拿着木薯棍，带着狗儿小黑，从高大的皂荚（jiá）树下走过。走过的时候，风把皂荚树叶摇得沙沙响，好像远方的海潮。我爷爷停了一会，大海的声音隐隐地在我爷爷心里响起，如同乐章。

我爷爷笑了，就离开了自己的国家。

二

这是六月时节，万物即将成熟的时刻，水稻、瓜藤、蔬菜、水果等等，都在加紧吸收阳光、水、风和泥土里的养分，把最后的甘甜压进体内，催自己成熟。而经过了严寒的冬天和多雨的春天，田里的居民也开始忙碌起来了。青蛙擂（léi）动自己的肚皮，鼓励大家多做一些努力。蚯蚓则给泥土做按摩，以便农作物更好更快地成长。田鼠爸爸准备扩建自己的洞穴，以便储存更多的粮食，这关系到整个家族的温饱，是一件大事。而蛇，则四处巡逻。这时候，白头翁的歌声从一棵树上传到另一棵树上。

我爷爷怀着敬意从它们旁边经过，因为它们都尽了自己的职责。

你知道，路上的风景无比动人，但也不能使他们放慢了脚步。

在路边，我爷爷看到一些水洼，便停下来，蹲在水边仔细观察。他觉得，这些湖泊和大海有着隐秘的关系，或许大海就在附近，或许大海根本没有离开过。

这个念头让他有些兴奋，他相信，这个线索会把他一路引向大海的。但他也有些焦急。这仅仅是一个念头而已，怎样才能从这些常见的水洼找到大海的踪迹呢？大海的音乐在我爷爷心里隐隐升起，但一闪而过。

我爷爷站起来四处观望，四周群山缭（liáo）绕，鸟语花香，美丽的景色不但没有使他更高兴，反而有些失望。

老师说大海的水是咸的。

我爷爷尝了尝，是淡的。

老师说天下的水都是通往大海的。

我爷爷看了看，这些水洼没有入口也没有出口，如果不下雨，没几天它们就会干涸（hé）。

我爷爷在水洼边逗留了很久，才若有所思地离开。作为一个国王，他明白：不能把希望只寄托在一点上面。

他在山野间四处漫游，不放过任何一个细节。小黑也在石堆旁、树脚下、泥缝里拱拱嗅嗅，以期找到一些蛛丝马迹。

应该说，这些考察是有趣的。因为他们获得了许多知识。

他们在山野间已经走了两个多小时，除了疲劳，一无所获。

这时候，太阳开始发挥它的威力，天气变得炎热起来，野鸟也停止了叫鸣，四下里静悄悄的，有些寂寞。

这寂寞是一条虫子，会偷袭人的心灵。

我爷爷有些失望。这位旅行者开始有些不耐烦了。

我爷爷和小黑坐在一棵大樟树下歇息，闷声低头吃着从家里带来的饭团。

热浪逼人。

汗如雨下。

突然，我爷爷一拍大腿，说："热浪？汗雨？难道我是一个什么都不懂的娃娃？难道老师教给我的都忘了吗？"

他想起老师在课堂上教的修辞方法：比喻。世间万物都是相似的，只要你发现它们神秘的关联。我爷爷获得了神秘的灵感，十分开心。

这时候，大海的音乐徐徐地在我爷爷心里响起，就像揭开一层序幕，节奏甚是明快。

"好吧，让风像海水一样旋转起来吧。"我爷爷挥着木薯棍说。

于是，风从四野中起来了，仿佛等待已久，来到我爷爷身边，亲昵地打着旋儿，拂动他的衣服，拭（shì）去他的汗水，飘扬他的头发，并带来远方的信息。我爷爷又有了在大海里游泳的感觉，他的衣服被风灌得满满的，看起来就像一条比目鱼，要游向大海的深处。

狗儿小黑仿佛也嗅到了大海的气味，它高高地跃起，在风中舒展身体，做狗刨式游泳姿势。等到落回地上，又再跃起。它甚是得意，汪汪地叫个不停。远远看去，它就像在扑蝴蝶。

我爷爷感到十分满意，木薯棍一指，便发出第二个比喻：

"让稻谷像海浪一样翻腾吧。"

风势顷（qǐng）刻加大。风就像驾着一辆马车，在稻田上方驶过，传达这位国王的命令。

这是一道恰当的命令，因此稻禾们愉快地执行了。它们跳着自己传统的舞蹈，手拉着手，翻腾起满满的稻浪，一个接一个地向天边滚去。大海的涛声此起彼伏，时近时远。

"如果这大地也像海洋一般……"我爷爷这样说。

话还没说完，我爷爷就打了个踉（liàng）跄（qiàng）。

原来，那坚实的大地也像海面一样荡漾起来。大地上的花草树木按捺（nà）不住，它们像海面上一朵朵浪花，准备做一番远游。那高高的山峰，就要变成一个巨大的海浪扑涌而下。那真是爽啊！那些房屋呢，则像一个个岛屿，冷静而坚定。它们好像在回应一个古老的传说，但在回应什么，一时又说不清楚。

一辆马车从远而近。不，我爷爷认为，那是一叶乌篷船，正在茫茫大海上随波逐流。小船的主人想必正在抿（mǐn）一小口酒，感叹身世飘零。老师在课堂上说"孤舟蓑（suō）笠翁，独钓寒江雪"，大概现在就有这番味道。

我爷爷对此并不太留意。他看到，成群的蚯蚓、蛇和田鼠在泥土下劈开凝固的波浪前进，它们唱着歌，是那么的快乐和自由。

他看到，生长在地下的果实，如番薯、花生、芋头、萝卜、土豆等等扭动着身体，举行盛大的泼水节，十分淘气，泥浆四溅。

这时候，大海的音乐开始变得强劲、充沛（pèi），如一首四重奏奏起了最强音。

"那么，天空也动起来吧。"我爷爷说。

风起云涌。刚才还晴朗安谧（mì）的天空此刻迅速积聚着云彩，如同排兵布阵，天空变成了云海，美丽非凡。鸟儿们却司空见惯，慢吞吞地在天上游来游去。

我爷爷十分惊讶，他说：

"大海在天上，鸟儿在天上游，偶尔溅起白色的浪花。

"大海在地下，蚯蚓、蛇和田鼠劈开凝固的波浪，随意游弋（yì）。

"这多么神奇啊！"

最神奇的是他的心灵。那积聚得越来越多的情感，在他心里像海水一样荡漾。他的一个个想法，一个个比喻，就像一条条鱼吐出一个个水泡，太阳一照，便折射出彩虹的颜色。

此刻，大海的音乐变得简洁、明朗、隆重，反复在我爷爷心里出现，形成了一句话：大海无处不在！大海无处不在！

三

我爷爷像喝醉酒一样，站立不住，便躺卧在草

丛里傻笑。

还要继续寻找大海吗?

我爷爷懒洋洋地挥挥手。

小黑用温热的舌头舔着他的脸蛋,劝他再做一番努力,继续寻找现实中的大海,或者想象中的大海。

这个鼓励是相当及时的,那狂热便从我爷爷脑海里退潮了。他静静站了片刻,等待心重新变得清明。

此刻,风声、鸟叫、虫鸣又宁静地响起,悦耳动听。大海的音乐也转为平和,犹如小夜曲:海潮偶尔拍到海岸,时断时续。

主仆二人重新上路,似乎更加开心了。

一路上,他们考察了村庄里的水井、田野里的水沟、山洞里的水迹。在我爷爷好奇的眼中,它们在无言地诉说着关于大海的故事。更令人着迷的是,我爷爷在山里找到一些贝壳。这些美丽的贝壳,老师说,是很久很久以前大海生活在这里的证据。

大海真的在这里生活过?

我爷爷把玩着手中的贝壳,陷入了美妙的遐(xiá)想。

他们是怎样生活的呀?

我爷爷和小黑在山里转来转去,就像考古学家要从一点点蛛丝马迹中寻找出有力的证据。

事情当然不会那么顺利的啦。这点我爷爷是知道的。

他抛玩着贝壳，说："当年它有没有读过书呢？有什么样的朋友？发生了什么事情，以至于让它永远停留在这里？"

小黑汪汪地说："不知道，不知道。"

我爷爷说："我会告诉你的。它有三个非常要好的朋友，名叫阿东、阿西和阿北。因此，它的名字就叫阿南。"

小黑汪汪地说："是的，是的。"

我爷爷说："我找不到大海，难道还不会给它编一些故事吗？"

他想起了在学校里老师教的另一个方法：编故事。

此时，他胸有成竹。大海的音乐在他心里变得稳健，在他的胸膛里优美地回旋。他跑上一座小土坡，向东方的村庄、西方的田野、南方的山峰、北方的水洼，讲述了下面这个故事。

四

在很久很久以前，有一个伟大的母亲天空，她就是美丽的天国，她生了两个儿子，也就是大海国和大地国。

大海国是哥哥，性情温和，处处照顾弟弟。大地国冰雪聪明，却争强好胜。他一直暗中与大海国争斗，比比谁更厉害。兄弟怎么可以相争呢？所以，大海再三退让。

但是大地一心想超越大海，成为这个世界上最大的国家。他日夜苦练，为了扩大自己的地盘，隆起强劲的肌肉，逼退大海，不惜地动山摇，山崩地裂，为此，数不清的人类埋葬在断壁残垣之中。而那个名叫阿南的贝壳，就是在去找三个好朋友的途中，遭遇地震而被埋在泥土里变成化石的。大海十分生气，决定教训一下这个莽（mǎng）撞的弟弟，便卷起滔天巨浪，把大地国的大部分土地都淹没了。但大海没有注意到，自己这一举动导致更多的人死于洪水当中。当大海发现时，已经是后悔莫及。

他万念俱灰，怀着内疚与悲伤的心情，黯（àn）然搬到远方的大沟壑里，闭门思过，他发誓，再不要让这些悲剧重演了。而大地似乎也意识到自己犯下的大错，也停止了强烈的造山运动。此时的他，已经是一个瑰丽无比、俊朗飘逸（yì）的伟大国家了。

大海想出了一个办法。他把在灾难中死去的灵魂接到自己的国家，这样，他们就可以像鱼儿一样活着，安居乐业，生儿育女，生老病死。

就这样不知过了多少代，大海国因此充满了奇人和奇事。

大海国有一个人，每天早上从东海出发，去南海看望一个老朋友，喝茶，下棋，聊天，于日落时分告辞，并相约第二天早上再见。他们从来没有失过约。

大海国有一个男人，整天骑着一条大鲤鱼，流离浪荡，从来没有停止过脚步，他已经很老了，老得忘记了死亡。

大海国有一个女人，有长长的头发，每当月夜她就会躺在水面上游弋，头发在水面上散开，十分美丽，人们常误以为她是海神。

而海神，其实是长不大的，他永远是个孩子。他不知有多少岁了，他把大海国管理得井井有条，人们对他无比的尊敬。

大海国有一些人，白天他们化作白云，在天上游玩，晚上就变成一场雨，落回海里，变回原来的样子。如果有一天不这样，就意味着他生病了，或者死了。

大海国有一条龙，它睁开眼睛，天就亮了，人们就起来玩耍；闭上眼睛，天就黑了，人们就躺下来睡觉。

大海国有一种植物，它会自己跑到穷人的园子里种下，长出的叶子和果实，比皇宫的佳肴（yáo）还要美味。穷人摘完后，它又会马上长出来。所以，大海国里的穷人从来不会挨饿的，或者说，大海国里没有穷人。

大海国还有一种动物，它见到好人就会笑，见到坏人就会哭。它是大海国的法官。大海国里的居民都希望它来到自己面前笑，害怕它来到自己面前哭。所以，大海国至今没有出现过什么坏人。

如果有人说谎，他的身体就会变得干燥，奇痒无比。为此，他必须做十件好事，才能康复。

大海国的中央有一所学校，非常大，老师们把课本编成一首首歌，平时学生们唱唱歌，跳跳舞，就学完了全部课程。

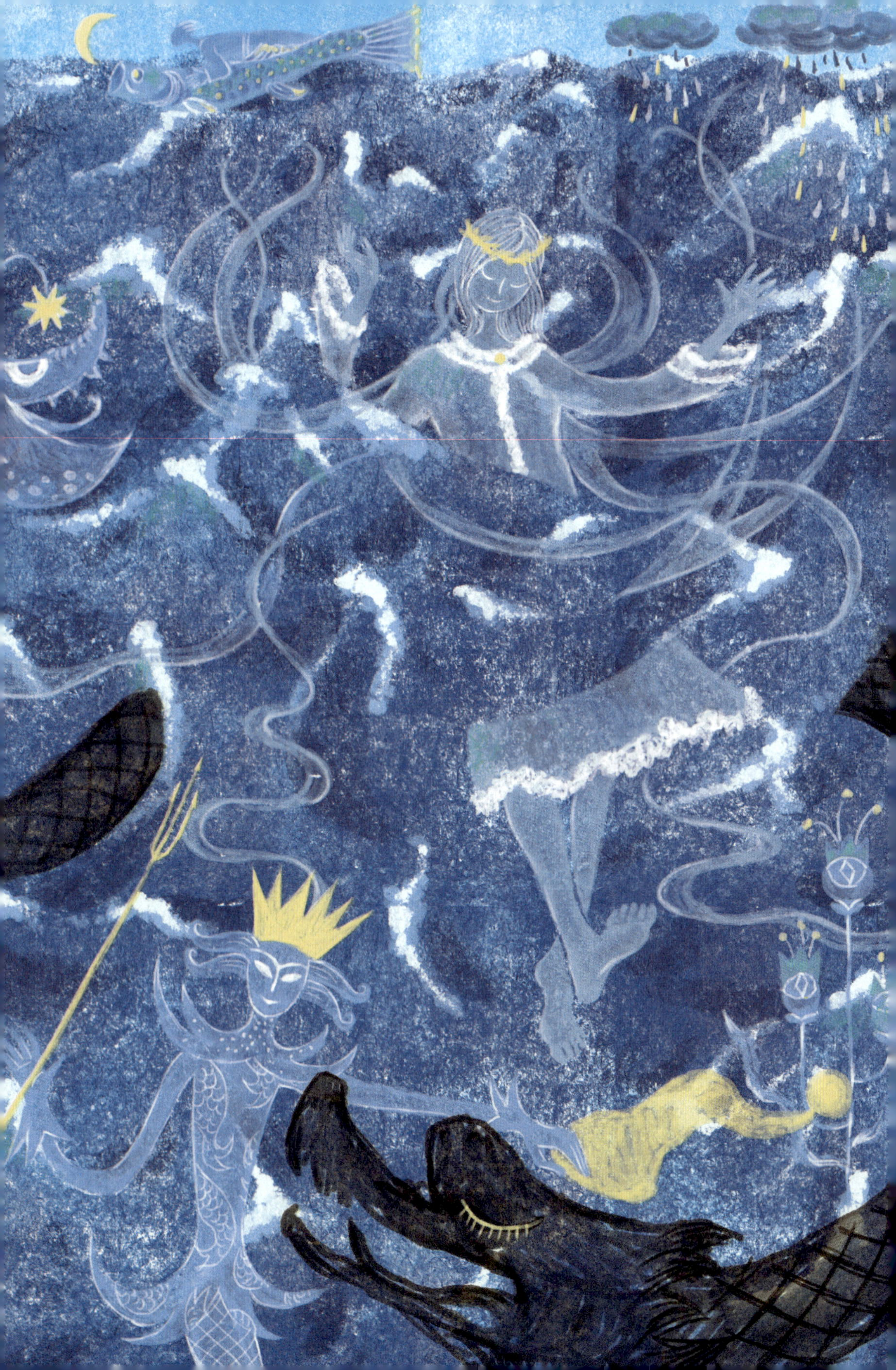

学校里有一个孩子,有时候很聪明,有时候又很蠢,总是一次考一百分,一次考零分。他妈妈焦急得头发都白了。

学校的东边有一间私塾(shú),有一个鸟头人身的老师,拥有满肚子的学问,像大海一样广阔,他找到一个同样鸟头人身的学生,把所有知识传授给他后,就死了。那名学生同样也找到一个鸟头人身的学生,把所有知识传授给他后就死了。那名学生的学生也这样做了。据说,那名学生的学生的学生的学生……的学生的学生的学生正在寻找一个鸟头人身的学生,要把毕生的知识传授给他。

私塾的南边住着一个人,他则是人面鸟身,每天静坐不动,不饮不食。但他又不是雕塑。

大海国有一个地方,人们总是喜欢把自己的食物送给邻居。譬如,这家把食物送给那家;那家品尝着这家送来的美味的食物,然后又把自己亲手做的食物送给另一家;而这另一家又把自己做的食物送给另一家……如是这般。因此,可以设想一下:如果有一个人不把食物送给邻居,那他的邻居就会饿死!噢,不,不,大海国从来没有发生过这样的事情!

大海国有个地方,人们是倒退着走的,因为他们的眼睛长在后脑勺上。

大海国还有个地方,人们是倒立着行走的,用手走路,用脑袋坐凳。

大海国还有个地方,有一个巨大的喷泉,从那里可以直上天国。

大海国也会下雨,不过下的是糖果雨。

大海国里天天都是节日,其中有一个节日是最重要的,那就是晒海节,在每年的中秋举行。那天,大海国里的海水会悬挂起来,在空中分成一道道水幕,接受阳光的洗礼。人们则会外出郊游、赶集,欣赏各种赛马会、赛龙会、赛鱼会、赛虾会。凡是在这一天活动的人,一年内就不会得病。而海神,则会带着一家人,从巨大的喷泉上天国与母亲相聚。

就这样过了很多年,很多年。天地间有两兄弟。大海国和大地国彼此思念,便相互派遣使者,表达自己的问候与祝福。因此,我们看到在大海中间,有一些岛屿;在陆地中间,我们看到一些湖泊和河流。

五

是呀，编故事有什么难呢？

我爷爷这样说。他举目四望，现实中的大海依然不见踪影。他想："大海很大，像梦一样大。大海很咸，像泪一样咸。它在我的心中，我的眼睛却看不见它。大海的音乐虽然在我的心里美妙地奏响，但我的心里还是涌起了甜蜜的惆（chóu）怅（chàng）。"

小黑汪汪的叫声打断了他的沉思。小黑示意我爷爷看天空。

我爷爷抬起头，之前还美轮美奂的云海，如今变成了漆黑的丑陋的军团。风呼呼地刮着，飞沙走石，草丛、树木、稻禾都弯了腰，鸟儿不见了踪影。

形势不对，是外星人要入侵吗？

小黑咬着我爷爷的裤脚，要往家的方向拖。

我爷爷这才醒悟过来，大叫道："要下雨啦！快，快，回家！"

这个孩子和黑狗撒腿便跑，什么大海，什么大地，他们全都抛在脑后了。跑过了草坡，跑过了小树林，跑过了水沟，跑过了田野，终于跑到了村口。这时候，拳头般大的雨点已经砸下来了。

　　湿淋淋地跑到家门口，风似乎把一些声音刮了过来，但含糊不清。我爷爷并没有留意。小黑没有进门，却跑到水塘边，对着水塘狂吠吠不已。我爷爷感到奇怪，便跟了过去，就看到水塘里漂着一片树叶，树叶上有一只小蜗牛。小蜗牛惊惶失措，不断地呼喊："救命啊！救命啊！"

　　原来，这只小蜗牛住在水塘边的牛蒡（bàng）叶上，它想到水塘的另一边去看望一位刚认识的朋友，如果从陆路走，可能需要几天。这只聪明的小蜗牛想出了一个好办法。它请老桑树爷爷飘下一片树叶，这样它就可以坐着这片树叶，漂过茫茫的水塘，可以节省很多时间。慈祥的老桑树对这想法赞叹不已，便答应了这一请求。但涉世未深的小蜗牛根本没有留意到潜伏的危险，它喜滋滋地坐在树叶船上，哼着小曲，对即将到来的相聚充满了期待。漂了一个多小时，它终于漂到水塘中央，但酝酿已久的暴风雨说来就来。风一会把树叶船吹到东，一会吹到西，雨点更是差点把船打翻。小蜗牛被吓得六神无主，呼救了好久都没人听到，正要绝望的时候，小黑带着我爷爷来了。

我爷爷大声说："小黑，快！"

小黑便扑通一声跳进水塘里，把小蜗牛救上岸。

小蜗牛浑身哆嗦，结结巴巴地对我爷爷说："谢、谢谢！这、这海，真大！"

这句话如同一道闪电把我爷爷照亮。他呆住了。大海？他看了看水塘，又看了看蜗牛，大海？

他似乎悟到一点什么了。

良久。

他在大雨中站了很久，很久，才笑嘻嘻地把蜗牛送回家，然后和小黑跑回家换衣服。

在我太爷的咒骂声中，大海的音乐又在我爷爷心里响起，那么清脆，又是那么雄壮：大海无处不在！大海无处不在！

从此，我爷爷便给这水塘取名叫"大海"了。

窗口的故事

"当里个当,当里个当。"风弟弟笑眯眯地从大叶榕(róng)耍到枕果榕,在阔大的枕果榕叶子上跑上跑下,溜了一会滑梯,翻了一个筋斗,荡了一下秋千,然后又跑到一棵棕榈(lú)树上耍去了。

这些树木旁边是有一间屋子的,屋里有一个读书人,他站在窗前,闭上眼睛,细细地听着,脸上露出一丝微笑。

那人有一双明亮的眼睛,要是他这会张开眼睛的话,他的眼前会出现一片美景。

因为好的东西就是树叶、花朵、小草、石头、装载白云的天空、玩耍的孩子、偶尔路过的行人、风和雨。这个窗口里都有。当早晨的风犁过树叶,傍晚的雨打在芭蕉上,是很有趣的。

在这个窗前，那人已经站了很久。他搬到这里就是为了这个大大的窗子，两年过去了，他为此写出了最优美的诗句。

比那人站得更久的是这个窗口。自有了这个房子，它就在这里了。它默默地欣赏着这一片迷人的风景，年复一年，许多鸟儿、蝴蝶、蜜蜂、迷路的昆虫，都是它的朋友。它们也常常来到窗台上，欣赏这片美景。

窗口为这些朋友感到骄傲。它们一起经历了许多事情。它也深深地喜爱那人，它知道，他也是幸福的。

然而，没有人知道，窗口的心里还是有一块地方是空空的，因为它想知道：房屋的另一边是什么样子的。

于是，在一个晚上，这个处在南边的窗口决定搬到北边的墙上。

这一边窗外除了一片房屋，什么都没有。不过，如果你仔细看一下，还是有不少乐趣的，如墙壁长了一些蕨（jué），懒洋洋的又有一些盼望。第二天，那人醒过来，发现新鲜的阳光并没有如约斜照进来，皱了一下眉头。不过，他很快就高兴地接受了这个事实。因为当他走到北边的窗前，刚好，一位他很渴望遇见的姑娘这时也在对面的屋子里推开了窗，他高兴地向她挥手，那姑娘也向他挥手。就这样，他们相互注视了很久。

每天都是这样。那人什么也干不了。窗口看着，心里也喜欢。

过了一段时间，窗口觉得应该换一个地方。于是，它悄悄地搬到西边的墙上了。

于是，每天早上，那人就不能在窗前看见那可爱的姑娘了。不过没关系，那人走出门口，走到那栋楼里去找那姑娘玩了，很晚才回来。

于是，窗口独自静静地欣赏着西边的风景。

而这片风景何其盛大。

居然有一座山。"山上的树木、鸟儿、花朵、石子一定多得数不清。"窗口这样想。其实，它不知道，这座山小得可怜，大概只称得上一个小山岗。但你知道，这不重要。这时候，山上还是静悄悄的，但充满了香气，因为这正是花朵的季节。"到了夏天，山上就会传来热闹的知了的歌声，嗯，还有我的朋友青蛙、飞鸟、蟋蟀。"窗口想,"树上结满了果实。"

在西边,还有一件大事:日落。

窗口静静地看着,那圆圆的大蛋黄把它的心塞得好满,好满。后来,那人也发现了这辉煌的景象。每当这时候,他都会赶回来,搬一张椅子,坐在西边的窗前,心里充满敬畏。"这是傍晚时分,日落西山,煞(shà)是好看。"那人想。想着的时候,"咚"的一声,太阳就掉到地球的另一边去了。那人听见,心里也"蹦"了一下。又一天过去了。

如果每天都能在这个时候欣赏到日落,那是多么幸福的事情。那人这样想。

不过,老被太阳照射着,不是一件特别舒服的事情。如果这时候,有风从窗口进来,一下就会解除那人的闷热。于是,风就进来了。

至于东边,不知为什么,窗口并不想搬到东边去。可能它在担心那边有鬼。总而言之,它是搬到天花板了。它在一个星光灿烂的晚上,搬到天花板了,成为一个天窗。这真是一个美妙的时刻。那人躺在床上,星光就掉下来,仿佛一场盛宴。那人躺在床上，浮想联翩，像回到了小时候，他伸出手指头，决心要清算一下天上的星星。

那一段时间里，那人每晚都是数着星星入睡的。

有一天，突然乌云密布，然后就下起雨来。雨点从天窗打进来。那人连忙拿出所有的水桶、脸盆、碗、碟、杯子、玻璃瓶、笔筒、水鞋……他甚至伸出手掌，作捧状，接待天上的赏赐。于是，雨点便打在这些容器上，"叮叮、当当"，"叮叮、当当"，多么壮观，仿佛再次让他回到童年。

确实没什么比这更动听的了。

第二天，那双破水鞋长出了蘑菇。

窗口在默默地注视这一切，没有发表任何评论。

后来，这个沉默的窗口决定要出去见识一下这个世界，就在一天早晨出去流浪了，它想："不要带走一片风景。"它再也没有回来过。

因为没有窗口，这所大叶榕、枕果榕、棕榈树旁边的房子就陷入一片黑暗中，过了不久，那读书人也搬走了。

有时候，人们从楼下经过，会仰起头来看一会，说："不知下一个窗口会什么时候搬来呢？"

几乎什么都有国王

（这个星球上，几乎什么都有国王，这点你是知道的：鸟国国王、蚂蚁国国王、乌龟国国王、青草国国王、风国国王、树国国王、大象国国王……没完没了。这些国家发生了许许多多的事：家事、国事、天下事、大事、小事、怪事、趣事、破事、没事找事……嘿，至于他们到底能有些什么事情，我们就看看吧。）

一个外星人降落在地球上，他想知道这个星球是否有趣，如果不有趣，他就要攻打它。

国王们收到情报，都紧张起来了，不停地举行各种名目的会议：巨人国召开部长级会议，蚂蚁国举行全民公投，螃蟹国开始了大规模的水军军事演习,青草国国王则提出,要举行联合国大会,共同商讨大计。

这一号召得到国王们的响应。于是,一万多个国家的国王纷纷从各处赶来,还有众多小国暂时无法统计。哎呀,这个星球上,几乎什么都有国王。他们来的热闹情景你是知道的,风国国王骑在云国国王的肩膀上,一路谈笑风生;鸵鸟国国王一手提着青蛙国国王,另一只手提着鼹(yǎn)鼠国国王,施展出草上飞的轻功;而蚂蚁国国王、屎壳郎国国王、蜗牛国国王和蜘蛛国国王则舒舒服服地坐在大象国国王的背上,铺开一张湛(zhàn)蓝色碎花儿桌布,一边喝茶,一边欣赏沿路优美的风景,一边向喜马拉雅山的避暑山庄出发,留下一路灰尘。

"这个时刻我知道并不轻松。"主持会议的大象国国王站在避暑山庄的会场中央,庄严地说,"我们受到了严重的挑战。"

狗国国王一拍桌子说:"地球人民不是好欺负的。"

狼国国王的眼睛射出冷峻(jùn)的光芒:"狼国已经派出一千匹独狼出去侦察,以便我们掌握情况。"

鹰国国王缓缓地说:"鹰国已经派出九千九百

九十九名杀手。"

树国国王坚定地说:"我们拥有最强的矛和盾。"

太好了,地球上国王们的聪明和勇敢你是知道的,他们是什么都不怕的。

还有还有,风国国王、雨国国王、雷国国王和电国国王一起站起来,朗声说:"我们空军随时候命。"

在熙(xī)熙攘(rǎng)攘的会场上传来一个很小的声音,原来是蚊子国国王尖着嗓子说:"蚊子国可以派出最高级别的KK2008战斗机。"

最老的恐龙国国王站起来,作一声吼叫,他们国家现在只剩下他一个人,说:"我们战斗到最后一刻。"

对于国王们的勇气和热情,作为联合国秘书长,大象国国王深感欣慰。他把鼻子一伸,仰天长鸣:"老夫虽老,还能吃饭!现在,我们要设计好战术。"

对于水军和空军的部署,大家很快达成了一致。

但对于陆军的部署,国王们发生了争议,起初是因为谁做第一步兵前锋的问题,乌龟国国王坚持认为:着勇敢作战的优良传统的乌龟国必须接受这个光荣的使命。但很快,国王们对"乌龟国是属于水军还是陆军"提出了疑问，并引起争论。

接着，狗国国王、虎国国王、豹国国王和熊国国王也站起来，他们不允许这一至高的荣誉落到别处。

而猪国国王、羊国国王和牛国国王也蠢蠢欲试。

骑兵国的鸡国国王、鸭国国王和鹅国国王也想站起来。

就是这样，联合国大会发生了严重的分歧（qí）。有了分歧，国王们的骄傲的心气是很难平息的，这点你也是知道的。起初，国王们还保持着自己的威仪，庄严地发表自己的演说。可是，到了后来，他们吵得脸红耳热，甚至摩拳擦掌，一点也不顾自己的身份。大象国国王挥了几次鼻子都没有用。但这一点我们也是不能责怪他们的，因为当大家都是国王的时候，那大家都变成平常人了。现在，我们就用平常人的标准衡量他们，好吗？

那时，身着盛装的玫瑰国女王站起来说："不用争吵了，我们可以用艺术来应对这一挑战。"说完，她的手轻轻地一挥，一群穿着白色舞衣的绝色玫瑰女子娇滴滴地走到会场中间，跳起婀（ē）娜（nuó）多姿的舞来。

见此情形，青草国国王眨了两下眼，也大手一挥："我们有音乐！"二十人的青衣乐队鱼贯而出，吹起了悠扬的笛子。

如此优美的音乐和舞蹈迷倒了所有的国王。会场顿时安静下来，大家用最低的声音对这些崇高的艺术进行点评。

鸟国国王此时也按捺不住了，他情不自禁地站起来，表演了一首诗朗诵。

而青蛙国国王紧随其后，他是一位优秀的歌唱家，他用雄浑低沉的声音唱了一首《今夜无人入眠》：

美丽的江河水
我们轻轻地歌唱
今夜无人入眠
我们相聚在一起

于是，他们全忘了，大敌当前也忘了。不知是哪个国王说了一句："不如先举行一场宴会吧。"

大家都安静下来，望着大象国国王。

大象国国王沉吟了一会，把鼻子一挥："嗯，就先举行一场宴会吧。"

于是，他背后的一群大象马上举起鼻子，奏了一首《蓝色多瑙（nǎo）河》，拉开宴会的序幕。

你知道，这些宴会国王们是擅长的。欢乐的气氛一下笼罩了整个喜马拉雅山山脉，也让国王忘记了自己的身份，他们三三两两聚在一起，有坐在沙发上搭着肩膀聊天的熊国国王和鼹鼠国国王，有坐在地上弹琴的蟋蟀国国王，有系着围裙准备烤面包的狐狸国国王，有像服务生一样送酒的蜗牛国国王……

迷人的时光就是这样一点一滴地流淌过去的。

在宴会就要结束的时候，凤凰国国王飞到会场中心，他是全世界最高贵最英俊的国王。只见他一边伸展美丽的翅膀，跳着庄严优美的凤凰舞，一边唱着优美庄严的凤凰歌，五彩的光芒在会场静静地流淌，流出喜马拉雅山，流向宁静的宇宙。

国王们鸦雀无声，都陶醉在深深的喜悦中。

就在表演将要结束的时候，会场上却突然爆出一阵烟雾，等大家清醒过来才发现，高贵的凤凰国国王变成了一个眼睛突出、耳朵挂着两条迷人的青色小蛇的奇怪的人。原来，他就是那个外星人！他把凤凰国国王囚禁了，然后乔装成他，一直跟大家待在一起。

在国王们的目瞪口呆中，那外星人跳上他的摩托车形飞碟，大声地说："不会有战争了，那是一场误会，我欢迎你们到601B星球作客。"

风居住的街道

——谨以此文献给我即将离开的18栋601B房，我在那里度过了美好的三年，那房子有三个大窗口，窗外不仅有美丽的大树和数不清的鸟儿，还有丰富的风声，真是让我十分怀念啊。

如果你来到这里，无论你是一只蜥（xī）蜴（yì），还是一只蚱（zhà）蜢（měng），一定会很惊讶的。因为，这是风居住的街道。

风居住的街道，它的大名是601B大街。

601B大街，大概有一千五百米长，居住了许许多多的风，街道两旁是各式店铺，各种风潮，风靡（mǐ）一时，热闹非凡。我曾经到那里住过一段时间，结识了微风、和风、清风、大风、狂风、龙卷风、飓（jù）风等朋友，那是何等珍贵的友谊！下面是我所了解到的一些事情。

一、点灯的风

每当夜幕降临，601B大街是要点上街灯的。这样，逛街的风才会有方向感，而刚从酒馆里喝完酒的风们才不会走得跟跟跄跄，甚至掉在水沟里。

601B大街有一位负责点灯的风。他是我在601B大街最要好的朋友，每天晚上，看着他把街灯点亮，而光宁静地照进黑暗里，我就会感到一种神秘。

他的名字叫默风，顾名思义，是沉默的风。每天，他都要爬上高高的梯子，然后掏出打火石，把灯点亮。这时候，他必须屏（bǐng）住呼吸，因为他如果呼吸的话，那火就会马上熄灭。我可以告诉你的是，很多次他都失败了。有一次，他可能感冒了，有点破伤风，有很多很多次，他好不容易才把街灯点亮，却忍不住一个喷嚏，就把街灯给吹灭了，但他从不气馁（něi），他会耐心地屏住气，再一次擦着打火石，一般到了第十次，他总会成功的。看着那火光微弱地跳动,小心翼翼地走下梯子后,他才暗暗地松了一口气,然后走向下一盏街灯。

大家知道，601B大街上的风总喜欢乱窜，动不动就溜上天空游走，或者互相追逐嬉戏，这样就会闯出大大小小的祸，例如，他们一不小心就会把街灯吹灭。负责点灯的默风也不生气，只静静地走回去把它们重新点亮。这样一个晚上，负责点灯的默风就会在不停地点灯中度过。

有时候我们相遇，他也不多说话，只微微地点点头，但我已觉得我们仿佛长谈了一番。

天亮的时候，默风会把街上的灯全部吹熄，然后才心满意足地回家休息。他的家在一棵大树上，他伏在树枝上，像一只猫轻轻地打着呼噜，沉入了梦乡。树叶们也不敢哗哗乱响，生怕吵醒这位勤劳的点灯人。

每当华灯初上，光照亮了黑暗，也照亮了点灯的默风。在他的身上，我似乎明白了"风光"的含义。

二、读书的风

601B大街还开了一家书店。

你可能想不到的是，这家书店的生意十分兴隆。

每天，都有许多爱读书的风来到这里，一待就是整整一天。他们会待在自己喜欢的书跟前，翻书阅读：有的想细细地咀（jǔ）嚼（jué）书中美妙的字句，因此就慢慢地翻书；有的比较性急，想早点知道故事的结局，因此把书翻得哗哗作响。

通常，书店老板风伯伯也和大家一样，找一本喜欢的书读。不过更多时候，他会闭上眼睛，笑眯眯地听着那些愉悦的翻书的声音。那真是一首动听的乐章啊，知识就是这样流到每一位风的心里。风伯伯喜滋滋地想着。

在这些喜欢读书的风当中，有一位喜欢写诗的风，长得风度翩翩，举止潇洒得体。

如果不在书店里读书，那么，这位写诗的风就会四处漫游、沉思。我就经常看见他在后山上走来走去，有时候他会对着天空的浮云发呆，有时候他会对着一朵小花低声吟诵，有时候他也会多情地对一根芦苇表达他的爱意。当他想写诗的时候，他会慢慢走到海边，在沙滩写下他酝酿已久的诗篇。他的诗名传遍天下。因此有许多人慕名而来，不过这些沙滩上的字，细微处卷起一些漂亮的花纹，狂放处又像龙蛇一样走笔，据说并没有多少人能看得懂。

我也去看过几回，老实说我也看不懂。但从他的书法中，我可以看到春花秋月，看到五湖四海，甚至还闻到太阳和星星的气味。于是我相信，这位写诗的风是有着一颗很大很大的心。

人类中有许多人对此不以为然，当中有一个诗人还鲁莽地写下这两句诗："清风不识字，何必乱翻书？"这实在是一大误解，甚至后来那位鲁莽的诗人还因此招来了弥（mí）天大祸。这是人类中常有的事，就不必多说了。

三、阴风

601B大街还有一个特别的居民，不知道为什么，他总是在晚上出没，而人们也总听到他嘴里冒出一些奇怪的声音，像鬼哭，又像狼嚎，所以他的名字是"阴风"。

有些夜归的人，经常被他吓得毛骨悚（sǒng）然。就算大白天，人们也想法子躲开他。

他就越发形影孤单了。

我也遇到过他好几次。我静静地看着他，发现他并不像传说中那么阴郁。他只是喜欢散步，尤其喜欢在苹果树和橄(gǎn)榄(lǎn)树之间走来走去。我还发现，他很喜欢唱歌，但总唱得不好，为了不吓着别人，他只好选择在夜深人少的时候出来唱歌。

大概就是这样罢了。

四、五颜六色的风

不知从什么时候起，601 B 大街开了一间染风坊(fáng)，老板是从外地搬来的花栗(lì)鼠。据说，她的分店遍及世界各地。

染风坊的生意格外地兴旺，每天要来染色的风络绎(yì)不绝，等候的队伍长达十几米，甚至排到了店外。

风婆婆拄(zhǔ)着拐杖来到花栗鼠面前，说："我年轻的时候有一个关于风信子的梦想，所以我想染风信子的颜色。"

"是，"花栗鼠微笑着说，"你准会梦想成真的。"

果真，当风婆婆走出来的时候，人们惊呆了：风婆婆不但拥有了风信子的紫色，还仿佛一下子年轻了许多，拐杖也扔掉了。风婆婆也惊讶地说："真是怪事呢。"就飞到空中跳起优美的舞蹈来。

下一位是爱美的和风姑娘，也羞答答地提出了自己的请求："我想在衣服上染上绯（fēi）红的山茶花、洁白的雪花和橘黄色的月亮。"

这当然难不倒花栗鼠老板啦："就包在我身上吧。"

当和风姑娘走出店，在空中飞舞，人们不禁惊叹说："真是好一场风花雪月啊。"

大概有人会问"难道和服就是这样来的吗"，我真不知道呢。

接着，小伙子们也如愿以偿（cháng），他们把头发染成了各种颜色。唉，我多次劝他们不要染头发，但这些家伙把我的话当耳边风。

终于轮到了风弟弟。他把最要好的朋友兔子也一起带来了。

风弟弟有些结结巴巴地说："我、我想、染橙色。"

兔子说："我要染芒果色。"

花栗鼠老板郑重地说："嗯，我一定会努力的。"

若干年后，染橙色的风弟弟和染芒果色的兔子会以"橙芒双侠"的称号，风闻天下。

站在队伍最后面的是一位彪（biāo）形大汉，他来到花栗鼠老板的面前，朗声说："我要染成黑色。"

"没问题！"

他就是601 B大街上大名鼎（dǐng）鼎的黑旋（xuàn）风，从今往后，他所到之处，都会令坏人闻风丧胆。

还值得一提的是，在每年的一月份，春风姑娘都会光顾花老板的店铺，她要染带给人们希望的青绿色，然后到人类居住的地方游玩。人类中有一位诗人观察得很仔细，他写下一句诗："春风又绿江南岸。"这句诗成为了千古名句，而诗人也因此声名大噪（zào）。

那段时间里，601 B大街到处都是五颜六色的风，真是让人眼花缭乱呢。

五、干净的风

在染风坊的对面，有一家洗风店。

大家知道，风都是很淘气的。他们整天在天上、树林里、田野上嬉戏，弄得风尘滚滚。所以，在601 B大街上开一家洗风店就非常重要了。

洗风店是自动投币的，只需要五角钱的硬币。

店里有五台洗风机和两个澡堂，这样，大家就可选择干洗或者水洗了。一般说来，年轻的风会喜欢洗风机，而上了年纪的风则喜欢泡泡澡。

有一天傍晚，我在独自去澡堂的路上，忽然后面有人跟我说话："叔叔，你可以带我去洗澡吗？"

我回过头一看，原来是玩得脏兮（xī）兮的风弟弟。他想在回家前变得干净一点。

我当然答应他的请求啦，便在洗风机上替他投下五角钱硬币。

从那天起，每天傍晚，风弟弟都会带着五角钱硬币来到洗风店，跳进洗风机里洗澡。

洗风机的体积和我们的洗衣机相似，不过没有水。首先，洗风机依靠的是不停的轰隆隆的旋转，让空气对流，使灰尘、树叶、纸屑等东西和风分离；然后风会透过一个过滤（lù）层，这样，脏东西就会从洗风机的底部排出机器；最后一道程序是，洗风机的顶部，会伸出几个小手，拿着海绵刷子把顾客的身子刷干净。如此，整个洗澡过程就结束了。

每天，洗风机里都会风声激荡。

看着干干净净的风弟弟回家，风妈妈的脸就笑开了。

这玩意我领受过一次，那不停的旋转，令我的肠胃简直像翻江倒海一般，洗完出来后只觉得天旋地转，就再也不敢了。

我的一个朋友风大叔，他喜欢泡澡，我便常与他相约去澡堂。

有时候，风大叔会像年轻人一样，在澡堂上飞来飞去，漾起一圈又一圈漂亮的水纹。不过更多时候，他会懒洋洋地挨在澡堂边，让温水淹没身体，闭着眼睛唱起一首又一首601B大街的传统歌谣。

我也闭上眼睛，欣赏这悠扬的风声，领略（lüè）其中的风情。

大家都静静地听着，一时间，澡堂里风平浪静。

通常唱完第五首歌，风大叔会从澡堂里飞起，和其他风一起飞到晾风线上悬（xuán）挂起来，只要半刻钟，全身就会变得既干净又干爽了。

我并没有飞到晾风线上悬挂起来的本领。这时候，洗风店里细心周到的服务员便会过来，把我轻轻地包围，不到一会，我身上的水就风干了。

离开洗风店，走在601B大街上，看着四周干干净净的风，我的心，仿佛也要飞起来了。

六、风柜客栈（zhàn）

在601B大街上，南来北往的都是风。

大概是因为601B大街声名远播，大家慕名而来，或者探亲访友。

此外，还有一些喜欢旅行的客人，路过此地，如独角仙、蝴蝶、刺猬、水獭（tǎ）、青蛙、蜗牛、螳螂或者某个迷路的精灵……像我这样的人，在601B大街其实是很少的，大概是因为人类对风居住的街道不太留心。

601B大街上有一家风柜客栈，主要是接待外地客人的，它的老板是风三娘。我在601B大街期间，便是住在这里。

风柜客栈，顾名思形，整个客栈就是一个大大的柜子，它有一百多格，每格就是一个房间呢。

风柜客栈没有墙，因为对于风来说，墙是多余的。但对我们这些需要墙来保护的客人，风三娘还是细心地准备了一些屏风，以备不时之需。不过，通常，大多数客人并不想使用屏风，他们更愿意在徐来的清风（即那些喜欢夜游的风）中入睡，有时半夜醒来，一睁开眼便可以看到满天的星斗，一闪一闪的，那会是多么大的惊喜啊！

风柜客栈却有许多手扶阶梯，这其实是为我们这些没有翅膀的家伙准备的，因为风根本不需要阶梯。晚上，我们就会爬上阶梯，回到自己的那格房间。这些阶梯固然十分美丽，但对于一只蜗牛来说，则有些困难，这样就常常会出现一幕场景：一个过路的风会伸出援助之手，一下就把蜗牛送到它自己的那格柜子。而蜗牛还来不及惊叫一声，就发现自己已经躺在房间里的床上，不过，他很快就放下心来，头点了两下，就像落入静水一样掉进了睡眠当中。

在风柜客栈里我有一个习惯：如果半夜醒来，我会要么看书；要么在房间里眺望夜里的远方，那里偶尔会有一些火光在慢慢移动，这便教人充满了遐想——大概是某个有故事的人在赶路吧；要么爬下阶梯，在寂静的601 B大街上散步，沉思近来的一些收获。有时回头会看见风柜客栈在月光下，风和其他的客人都沉入了梦乡，他们有节奏地呼吸，被子也随着轻轻地起伏，那景象真是美啊，仿佛蒙上了一层光。

然而，还有更美的，有时候在风柜的最高处，会传来笛子的声音。当时我还不知道那是风三娘的笛声，更不知道风三娘的许多故事。

若干年后，601 B大街将会发生一件大事，风柜客栈将成为一个重要的地方，而风三娘则是其中一个重要的人物。

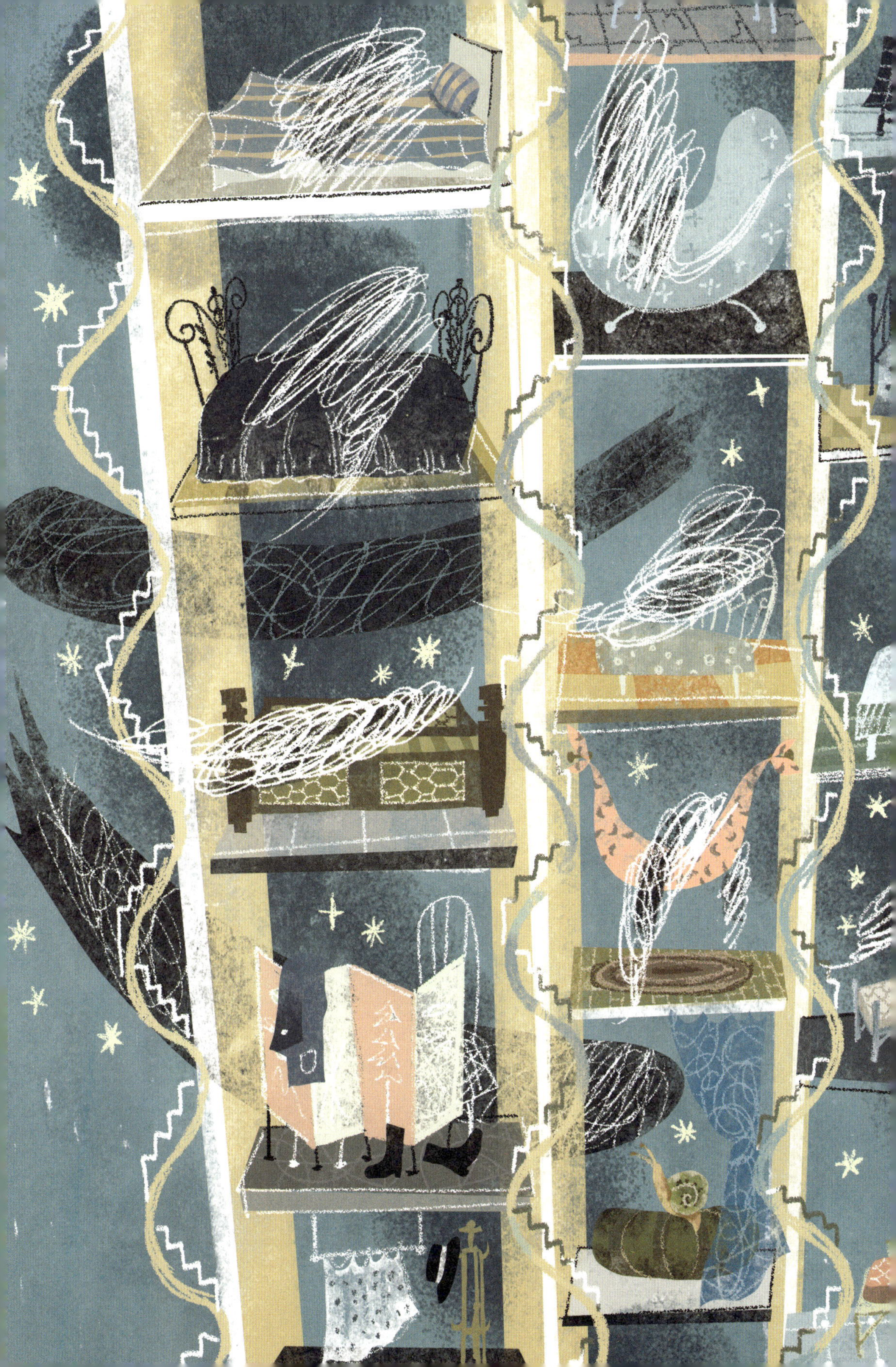

七、酒馆里的风

601B 大街有一家酒馆，外面挂着一面旗子，写着："三碗不过冈。"

不，不是说这里的酒特别厉害，而是馆主有一个真诚的希望：希望喝了酒的风不要出去乱窜。

诸位看官待会就知道这是为何。

我平时也喜欢来这里喝两盅（zhōng），因为在这里可以听到很多消息。风满世界跑，几乎没有他们不知道的事情，而且两盅下肚，他们就会管不住自己的嘴巴的。所谓的风言风语，大概就是从这里传出去的吧。

所以，大家可以想象，酒馆是 601B 大街最为吵嚷的地方。

那天，我和一位新结识的朋友刺猬一同去酒馆喝酒，正巧遇到我的另一个朋友风太郎。他可是难得一见的稀客啊。风太郎喜欢旅行，周游列国，见多识广，听他说话，是一大乐事。

这回他刚刚从非洲回来。

"不知兄台这次带回了什么奇闻趣事呢？"刺猬问。

风太郎哈哈大笑，便说起来了：

那里的风，有很多种香味，有香的、甜的、酸的、苦的，还有辣的……单单香的，就有七七四十九种。

那里的风跳舞前，必须先点三次头。

那里的王宫贴出告示，说风公主准备招驸马。

关于地下风国的传言，那里的科学家根据空穴来风的原理，认为这并非完全没有可能。

那里的风都知道601B大街的大名，并表示明年将会到访。

对了，那里的风和刺猬是很要好的。

……

我的刺猬朋友对风太郎带回来的消息十分满意，坚持说，这次必须由他来请客。

正当我们开开心心地交谈的时候，邻桌忽然传来了吵架声：

"我才是601B大街跑得最快的风！"

"不，我才是！"

"不！你不是！我才是！"

原来邻桌的一对风兄弟喝醉了酒，他们喝了四碗。

他们生气地指责对方的狂妄（wàng）和不诚实，气得脸都变形了，并要求马上比试一番。

于是，按照惯例，他们飞到大海的上方比试。这是601B大街的规矩。

个中原因，你只要稍动脑筋就会明白。

他们飞到大海的上方，互相追逐、摔打，一心想超过对方，结果还是跑到了人类居住的地方。

到了601B大街我才明白：所谓的台风、飓风、龙卷风、飙（biāo）风等等，不过是喝醉了酒的风在发酒疯而已。

这可害苦了人类。这点就不多说了。不过，深受其害的人们不仅没有怀恨在心，反而给这些发酒疯的家伙起了一个个美丽的名字：茉莉、玫瑰、蔷（qiáng）薇、珍珠、莲花、彩云……嗯，这点风趣，我的人类朋友还是有的。

据说，已有人向601B大街镇公所提议：希望严厉打击醉酒行为。

不知这项法令什么时候通过呢？

八、要改名字的风

那时候，风弟弟还没长大，就嚷着要他妈妈改名字。但风妈妈要给大地送去第一场春雨，要在小女孩哭泣时拨动她的头发，要在早晨每个小男孩醒来时亲吻他们的眼睛，她来不及停下，看看她儿子气得变形的脸，就出门去了。

风弟弟咬咬牙，决定逃跑。

他一个人在天空中玩耍，他的气还真大，鸟儿不敢靠近他，云儿也不敢靠近他。

他看见下面的草原上有一群马在奔跑，劈里、啪啦，多好听，他想，要是我叫"马"多好啊。

于是，他和马群一起奔跑，跑过草原，跑过山岗，跑过河流，把树叶、纸片、窗户摇得哗啦、哗啦响。他大汗淋漓，气喘吁吁。

他累了，就在一个草坡上停下来，轻轻地打着旋儿。这时候，他看见一只小白兔一蹦一跳地走过来，手里拿着一束棉花糖，嘴里咔嚓、咔嚓地吃着。风弟弟咽了一口又一口口水，他想，要是我是一只兔子也很好啊。

于是，他在空中一蹦一跳，把洁白的云朵做成棉花糖，捧在手里。哎呀，满天都是红色的云霞，满天都是棉花糖的香味儿。

香味引来了一只翠黄色的小鸟,她跟在风弟弟的后面,为他唱了一首又一首最明快的歌。多情的风弟弟马上便被她吸引了。他想:我要做一只小鸟。

于是,他变成一只快乐的小鸟,与翠黄色的小鸟一起飞翔,一起唱歌。风弟弟是一个很好的和音。他们唱了一个上午,又唱了一个下午,从天上唱到地上,仿佛时间是不存在的。但翠黄色的小鸟要回家了。风弟弟站在一棵树上,意犹未尽,它要在温柔的夜色中再唱一首首迷人的小夜曲。

而树旁有一间小屋,屋里亮着橘黄色的灯光,风弟弟看见一个一岁大的小女孩坐在地板上,她要用自己的尿片为她最喜欢的玩具颁(bān)奖,得铜奖的是一只米米熊,得银奖的是一只印度小象,得金奖的是一本最好看的图画书。风弟弟看着三张洁白的尿片挂在图画书的脖子上,迎风飘荡,好白,好白。

风弟弟羡慕地看着,他希望自己是那本书。

于是,他就真的成了那本书,安静地躺在书架上。哎呀,安静的感觉真好,而且还长满了彩色的花朵。风弟弟听见翻动书页的声音,唰啦、唰啦。原来,风弟弟看见一个比他更小的风吹动着自己,唰啦、唰啦。他读得多好听，唰啦、唰啦。风弟弟觉得自己痒痒的，他说，我很愿意做回我自己。

于是，他坐在柜子上，把那本好看的图画书看了一遍，又一遍。

风妈妈刚从非洲回来，她看见风弟弟坐在屋子里静静地读书，察觉到儿子的变化。于是，她又放心地出门去了。她要去西伯利亚。

九、风弟弟和兔子

风弟弟还有许多故事。下面，就是关于他的两则小故事，是兔子告诉我的。

有一次，兔子在门前荡秋千的时候，看见风弟弟从栗子树下走过，一会又走回来，走过去，又走回来，把栗子树叶吹得哗啦、哗啦响。

于是，兔子就盯着他看，直到他不好意思为止。

风弟弟停了下来，用手扶着栗子树。

"咳，是时候了。"

兔子掏出两块大白兔奶糖，一块咕噜一声掉进自己嘴里,另一块给了风弟弟。

"人长大了总要远游,或者说,远游了人才会长大。"

兔子静静地听着,又荡起秋千来。

过一会,他停了下来,往旁边挪(nuó)了一下,给风弟弟腾出个位置。

风弟弟跳上去。他们荡得真够高,天一下就低下来了。

"啊——差一点就够到了麻雀阿旺!"

"呼——不如摘两朵白云吧!"

"啊——明天可不可以不上学?"

"呼——学校后面有个菜园,种满了胡萝卜。"

"啊——"

"呼——"

还有一次,兔子在门前荡秋千的时候,看见风弟弟风风火火地走了过去,看样子,好像出什么事了。

一会,风弟弟又风风火火地跑回来,手里拿着一个花盆。

"听说今晚会下流星雨,我们找几颗来种吧。"

兔子看见风弟弟满头大汗，说："不如种几滴汗水吧。"

兔子把花盆移到风弟弟面前，等风弟弟的汗水落下两颗，便用泥土轻轻地掩盖上，再浇一些水。

第二天，其他人的花盆都种出了会闪光的流星花，只有兔子和风弟弟的花盆里长出了两朵蓝色的小花，有一种奇怪的香味，因为那是用汗水种出来的。

风弟弟和兔子蹲在那里，觉得汗水花很好看。

十、风的学问

601 B 大街还有一位隐士，他深居简出，很有学问，人们称他为风先生。我曾拜访过他两次，都颇（pō）受教益。

那天，我决定再去看看他。上回他答应给我讲讲风的故事。

才刚进门，就听见风先生说："你是来向我道别的。"

我大吃一惊，这是我这几天才有的想法，还没跟别人说过，因为离家这么久，我开始想念我的人类朋友和居住的地方了。

"你脚步生风，呼吸成风，意念亦是风。你无时无刻不被风萦（yíng）绕着。树欲静而风不息。"

不愧是风先生。风先生直接把话题引到风的学问。风先生请我坐下，并给我倒了一杯普洱（ěr）茶。

风先生继续说："风没有开始的地方，也没有结束的地方。"

这些饱含智慧的话语让我感到一种神秘的气氛。这大概也是一种风吧。我看见风先生的书房里有一把手风琴，便提出为风先生演奏一首《风居住的街道》。

风先生大喜，在优美的音乐中，开始给我讲风的故事：

在世界刚刚被创造出来的第二天，天空的主人就创造了风。风把天下的水聚在一起，人们把它称为大海。风又把大地吹干，使青草、结种子的菜蔬和结果实的树木得以生发。可以说，是风让这个世界变得生动。

当人类被创造出来后，风是那么热爱人类，整天为人类歌唱，和人类一起嬉戏。风把云聚在一起，变成雨，滋润大地。当天气闷热，风又替人们拭去汗水。当人们沉醉在爱情当中，又是风，为人们送来了花朵的香气，送来了情人的歌声。

风和人是一对多么好的朋友啊。

正如其他所有受造物一样，风充满了各种信息。春风来了，就意味着天气转暖，适合播种了。南风来了，通常会带来硕大的雨点，就意味着各种果实、菜蔬正在转向丰盈。秋风来了，大概不会有人不知道，是丰收的季节来了，人们应该围着篝（gōu）火唱歌跳舞。而当北风来了的时候，人们就会添衣保暖，以防感冒。

人们从风中学到各种智慧，甚至总结出一门叫"风水"的学问。

但是到了后来，人类往空气中排放一些难闻的气体，人们宁愿使用电风扇和空调，也不愿意去亲近清凉的自然风。风就感到伤心了。人们也不再去从风中寻求学问了。

人类虽然发明了飞机，像风一样在天空飞翔，却被迫为许多毫无意义的事情奔忙，这不是风的学问。

风先生讲完风的故事时，我也把《风居住的街道》奏完了，我感到很难过，落入了久久的沉默。

风先生说的正是事实。我正是为了像风一样自由自在才来到601B大街的呀。可是，既然风没有开始的地方，也没有结束的地方，我该在何处追寻风的启示呢？

风先生站起来，看着窗外的树叶在风中飘动。风先生说："你说，是风动，还是心动？"

我想起人类中有一位大师也提出过这个问题，我正要说出这个问题的答案时，却又感到一些茫然。

风先生静静地说："万物为一，风就是心，心就是风，何来心与风的区别呢？"

听到这句话，我感到心里的狂风顿息，就像宁静的湖面，偶尔掠（lüè）过一丝丝微风。微风在宁静的湖面上自由地巡行，活泼地嬉戏，勾起一丝丝涟漪，这样的微风是多么美丽的呀，这样的湖面又是多么美丽的啊。

心就是风，风就是心呀。

我和风先生一边愉快地喝茶，一边又说了好一些话。

终于要到离去的时候了，风先生把我送到门口，郑重地说：

"去做风的好朋友吧,把自己交给风,你就能驾驭(yù)他。"

几天后,我就离开了601B大街,回到人类居住的地方。

回家后,我努力把601B大街的好风气告诉我的人类朋友,希望他们能从风的学问中得到一些启发。

我回来后,我的这些风朋友还经常穿过大叶榕、枕果榕和棕榈树的空隙(xi),来到我的三个大窗口前看我,给我带来风的最新消息。知道风婆婆、风伯伯、风先生、风大叔、负责点灯的默风、风太郎、风弟弟等还是那么快乐地生活着,我真是感到十分高兴啊。

从那以后,每当风拂过我的脸庞,每当我看到关于风的词语:风景、风流、风俗、风骨、谈笑风生、风生水起、云淡风轻、随风而逝……我就会停下来,细细思索,并深深地体会到:风,是一个多么神奇的词语啊。

朋友们,去追寻风的启示吧。

附：

如何把风译成汉语

诸君若有留意，大概会发现我关注的都是些极简单的事物，如树木、鸟、虫子、风、书、草、门、窗口等等，这是对的，因为它们每天都和我生活在一起，令我感到亲切和自由。

我喜爱风。在我居住的601B房里，我经常坐在窗前，眯着眼，听风沙沙地在树上嬉戏、荡秋千，或就某个问题展开热烈的争论，然后来到我的窗前，一次又一次地拂动窗帘，如此神秘，似乎在提醒我：人只有透过梦想，才能接近世界。

但是，如何把这似乎无色无味无声无形的风翻译成汉语，让读者读到这些语句，便如同闻到风的呼吸？这是我的难题。难处在于：一不留神，就会把风写得过于空灵，乃至轻飘，这是我不喜的；另外，风太常见，怎样才能写出新意，乃至写出风的深度，也就是说，如何才能诠释出一个全新的风，同时文风扎实？

就在我写这篇作品的时候，我却准备搬离我已居住三年的601B房。这让我感到难过。就跟这所安静的房子一样，风是我忠实的朋友。每当我坐在窗前，风就会穿过美丽的枕果榕、大叶榕和棕榈树，来到我跟前，向我述说它们的故事，要不就与我一起轻轻翻动书页。这便是第二节《读书的风》的由来。而我的书柜，我也把它进行想象变形，成为第六节《风柜客栈》的原型。风是有性情的。有很多次，上完班的人们回到家，在厨房里沙沙地煮菜，风会把菜的香气带到我跟前。于是，我开始想象：风的日常生活是怎样的呢？它有没有衣服，要不要洗澡，会不会发脾气……就这样，风的形象就开始饱满了。就这样，这篇作品就收获了大致的故事框架。

这是一篇怀念的文章，怀念我和风在601B房所有的日子。因此，怀念是这篇文章的内在语调，而我也把风居住的街道命名为601B大街。

在写作的过程中，我发现，我的笔下竟不知不觉写出许多跟风有关的词语，而且运用得很自然，不露痕迹：风声、风度、风流、风光、风干、风花雪月、黑旋风、风情和发疯……真是异常丰富的汉语啊，不知在英语里有没有这么丰富的词汇呢？尤其值得一提的是，在写第六节《风柜客栈》时，我有些犯难：风柜客栈是没有墙的，因为对于风来说，墙是多余的，但对我们这些需要墙来保护的客人，该怎么办呢？突然，一个词语闪现在我的脑海里："屏风。"真是太美妙了，多漂亮的一个词语啊。正是这些词语，为这篇文章带来了灵光。同样的情形也在我的《青草国的故事》（发表在《儿童文学》2009年第9期）出现过，关于草的词语（如草药、草书、草根、草民、草莽等等）带给我无穷的惊喜。

待文章写到第十节时，经过前面九节的酝酿，我感到升华的时刻到了。事实上，经过前面九节的写作和思考，我已经知道，风居住的街道一定会隐居着一位智者——风先生，他将会告诉我风的哲学。在佛教哲学里，风是构成世界的四大元素之一，而在《圣经·创世记》里，风（即流动的空气）是被创造于第二天。由此可见，风是多么的不简单，但我们在日常生活中常会视若无睹。然后我又想起了一则著名的关于禅宗六祖慧能大师的故事：一日，慧能大师流浪到广州法性寺，听见一僧道："风吹幡动。"又听一僧说："幡动而知风吹。"慧能即揭秘："不是幡动，不是风动，仁者心动。"对于这个故事，我有自己的理解，并把这种理解写进了第十节《风的学问》里去了。这样，关于风的意味就出来了，而风的故事也就丰满了。

这时候，我已感到我与风已融为一体了。写这篇文章，也可以说是自己的一个修炼。

最后，我想说的是，一篇文章最重要的是音调，而音调通常取决于句式。我相信，句式只要保持足够的简洁，就会有美感。正如风，只要保持得体的速度，就会风和日丽。

这篇童话得益于日本一首同名的曲子《风居住的街道》，该曲甚是优美和忧伤，调子和本文有些不同，诸君不妨找来听听，对照阅读。

一个故事的故事

我是一个故事，现在，我要告诉你我的故事。

我知道陈诗哥先生每时每刻都在找我，即使是在睡觉的时候，但我决定：跟他捉捉迷藏。我想知道，大概你们也很想知道，陈诗哥先生写下一个个美丽的故事之后，没有我，他的生活会是怎么样？

这一天早晨，陈诗哥先生醒过来，伸了一个懒腰，觉得心情还不错。刷完牙后，他坐在餐桌旁，对着一块面包看了好一会儿，这是他的习惯。他信心十足地说："面包，开门；面包，开门。"但是，即使他把面包拿在手上，翻来覆去，面包也没有裂开一条缝，把它的心、它的肺、它的故事自动自觉地掏出来。

"哦。"陈诗哥先生自言自语，有一点不习惯。

陈诗哥先生看了一会儿，又看了一会儿，但面包还是面包，并没有变成猪八戒或者别的什么。

陈诗哥先生已经坐了有一刻钟，但他不知道该如何是好，甚至不知道该把面包吃下去，还是放回餐桌上。陈诗哥先生有些慌了。

我躲在窗户外边（是的，我听见，窗户在心里说：我在这一面墙上站了这么多年，却从来不知道其他三面是什么风景，多么可惜呀！）看着他，只见他拿起面包，又放回盘子里，又拿起，又放下。他在发呆。

我欣赏着我的杰作，不禁有一些骄傲。

陈诗哥先生最终还是没有把面包吃下去，他把它放在盘子上，拿起一顶帽子，他想出门一趟。

但他走到了门口，刚打开门，又停住了，他说："我是刚刚回家来，还是要出去呢？嗯，是要出去的。那要不要把门也一起带出去呢？譬如把它扛在肩膀上，去街上买东西，去海边冲浪，或去树林里看松鼠？"

陈诗哥先生左思右想，拿不定主意。

最终，他还是把门关上，回到屋子里。

他用手捂着脸：

"天哪，我发生什么事情了？"

他站在屋子里，简直不知道该坐下，还是该去煎个鸡蛋。他在屋子里踱来踱去，仿佛屋子一下子变得很空旷，很安静，"嗒嗒嗒"的脚步声，好像有无限的远。

我一会儿藏在窗台上那盆小花的枝叶间（我看见，小花神色凝重，它正在打算出去拜访玫瑰国国王，比比谁更美），好奇地看着我这位曾经踌躇满志的朋友，怎么会变成一个不知所措的小男孩呢？

我蹑手蹑脚地躲在猫咪鲁尼的耳朵里。鲁尼正抱着线团玩，它发现了线团的故事（线团想的是什么呢？它想到北方的沙漠里流浪，它也说："热呀，热呀，我的心热呀！"）。陈诗哥先生似乎看到了我，便走过来，要逗一逗猫，但鲁尼机灵地走开了。

陈诗哥先生叹了一口气，说："不如打个电话给汤汤，一起去钓鱼吧。"

但他打了好久的电话，对方总是忙音。

陈诗哥先生只好拿出一盒象棋，自己和自己下起来。

可怜的陈诗哥先生，当他下到第八盘的时候，我有了一个想法，我想出去走走，认识一些朋友，收获一些故事。

1. 警察的故事

我走到街上，街上的阳光亮晃亮晃的，像一个沉闷的刺客，房屋也像没精打采的群众，汽车们排着队，排了好长的队呀。站在十字路口中间的圆形指挥台上的警察先生有些困倦，一连打了好几个哈欠，他说："每天都是这样，为什么不能有一些变化呢？"他打着长长的哈欠，眼看就要睡着了。

"警察先生，你可不能睡着哇！"我听见一辆白色汽车这样叫道，其他汽车也这样说。

"那我怎么办呢？"警察先生摊开双手。

于是，我潜入警察先生的眼睛。

警察先生眼前一亮，他说："对，不如我们举行个舞会吧。"

汽车们一致鸣笛响应。警察先生挥动旗子，说："预备，起！"

场面你们是知道的。不只是汽车，不只是楼房，不只是行人，不只是猫狗，连天上的飞鸟和白云，连地下的耗子（此刻他们是绝对安全的），全都从昏昏欲睡中醒来，参加这个盛大的舞会。直到走出很远很远以后，我还听见他们欢乐的笑声。

2. 病人的故事

然后我经过一家医院的门口，听见里面传出叹息声，便走了进去，看见一个医生和一个昏迷了的病人。医生急得在搔头上仅剩下的五根头发，陷入了沉思。

"怎么样？"我问医生。

"是你呀，故事先生。"医生叹了一口气说，"难哪，主要是病人缺乏求生意志。"

"要不让我试试。"我向医生建议说。

"能行吗？"医生有些怀疑。

"或许可以。"

"那好吧。"

于是，我潜到病人的心里。心在下着雪，奇怪的是，那雪是黑色的，我看见雪地上有一些怪物在黑暗中游走，它们比黑夜更黑，并发出奇怪的声音，在心房形成"隆隆"的回音。

我问心脏："怎么啦？"

心脏说："我希望有朋友，我希望有阳光，我希望有爱。"

于是，我变成一个春天的故事，从病人的心脏蔓延到他的四肢。

故事是这样结束的：心里的黑雪和怪物在慢慢融化，变成了泪水，从病人的眼睛里缓缓流出。病人醒了，他说："我梦见了一位美丽的姑娘，对我说了许多甜蜜的话……"

3. 老人的故事

后来，我又遇到一位老人。他老了，从头老到脚，正匍匐着身体颤巍巍地向前走，嘴里无力地说："老了，不中用啦。"我不知道自己以后会不会变老，但此刻我充满了悲伤和同情，我一刻也不能停留，马上飞到老人家的耳边，给他讲了一个关于拐杖的故事。

在世界还是很早很早的时候，有一根拐杖，它一开始并不是一根拐杖，而是一棵小树，是由一位老人在黄昏的时候种的。老人细心地替它除草、松土、施肥、浇水，并时常在太阳将要下山的时候来跟它聊天，说童年的大事，无非是捉鱼、钓虾、滚铁环、弹玻珠……这些故事成为小树最重要的营养，小树愉快地成长，它一天一天地变得粗壮，有力量。相反，老人却一天一天地变得衰弱，走路更加困难，更不用说提起水桶出来浇水了。老人整天躺在床上，唉声叹气，小树都看在眼里，它便央求隔壁的木匠把自己砍掉，制成拐杖，给老人送去。老人有了拐杖，便有力量了，他天天挂着拐杖走出门口，晒晒太阳，和邻居聊聊天，并在原来小树生长的地方种下另一棵小树。但老人还是一天一天地老下去。有一年冬天，大雪纷飞，人们都躲在家里烤火取暖。然而老人的家里确实没有什么东西可烧的。这个冬天的夜晚实在太冷了，而且孤独，老人搂着那床棉被还不停地打哆嗦。这一切拐杖都看在眼里，它毫不犹豫跳进火炉里，发出温暖的火光，帮助老人度过这个寒冷的夜晚。第二天早上，人们还是发现老人死了，但脸上含着笑意。而已经变成了火的拐杖，最后化作一缕白烟，通过烟囱飞走了。人们在田里或者在街上，依然可以经常看到，那一缕依然保持着拐杖形状的白烟在天空中旅行,见到行路艰难的人们,就下来扶他们一把。

"至于这个故事说明了什么,就由你来告诉我吧。"我说。

"为了他人的美好。"老人家充满了信心地回答。

于是,这个故事就变成了老人的拐杖,或者说他将那把在空中旅行的无形的拐杖召唤来了。老人站直了身子,他变得年轻和健康,他快步而且充满信心地向前走去。

我愉快地看着他的身影,继续四处漫游。突然我想起了我挚爱的陈诗哥先生,不知道他现在怎样,我有一种不祥的预感,便调转头,快步向家里走去。

我隔着窗户看他。他躺在床上,他病了,奄奄一息,喃喃自语。

于是我一点也不犹豫,立马就敲响了他家的门。

"谁呀?"陈诗哥先生的声音很虚弱。

"是我。"

之后怎样你们肯定是猜到的。没错,我推开门后,陈诗哥先生一跃而起,如有神助,他拿起了笔,写下了一则非常美丽的故事。

捡到一个童话

　　那天，那人弓着背走在那条街上。那条街就像一把箭搭在他的弓上，扣弦待发。

　　那条街他走过无数遍了。一样的街灯。一样的士多店。一样的面孔，不管熟悉的，还是陌生的。一样的胡萝卜，摆在一样的西红柿旁边。一样的明天，潜伏在一样的今天后面。过了转角处，还将是一样的街道，人们被花花绿绿的广告牌簇拥着，头也不回地奔向天空。而他呢，要在街道尽头的平又靓商店给老伴买一瓶一样的金鱼牌酱油，给自己买一盒一样的麻雀牌速溶咖啡。没有这两个，他们俩可能就活不成了。

　　不过，在他抱着金鱼牌酱油和麻雀牌咖啡，窸窸窣窣转回那个街角的时候，他似乎听到了一些微弱的声音："叽叽、叽叽……"像老鼠的声音。那人皱了一下眉头。他不喜欢老鼠，便继续往前走。

然而，那声音又传到他的耳朵："叽叽、叽叽……"这回像小鸡的声音。那人露出了微笑。他喜欢小鸡。很久以前，他养过一群小鸡，就像养着一群天使。于是，他转过头，看看是怎么回事。

哎呀，不是小鸡，也不是老鼠，而是一个小小的童话，看上去像个小企鹅，身上沾满了灰尘、纸屑、果皮、落叶、烟头，邋里邋遢，鼻子上还挂着一道鼻涕，只有眼睛是大大的，目光是清亮的，同时也是颤抖的。

"你从哪里来？"那人问。

小家伙哆嗦着，没有回答。但那人看出来了，它曾受人喜欢过，又遭人遗弃了。

那人凝视了片刻，犹豫了一下，还是蹲下身子，把腰弯得更低一些，把小家伙身上的纸屑、落叶、果皮、烟头等垃圾清理掉，然后抱起它。这个可怜的小家伙，还没有巴掌大呢！

回到家里，那人的老伴对小家伙表现出很大的热情。很久以前，她也读过一两个童话，虽然早已忘得一干二净，但她记住了那种感觉。她戴上老花眼镜，把小家伙从头看到了脚，看得津津有味的。看完了第一遍，忍不住想看第二遍，却发现是另一个故事了。她真是心花怒放，如痴如醉，直到那人拉了拉她的衣袖，才醒悟过来。

接下来，该拿这个小家伙怎么办呢？

"无论是谁，都会喜欢热水澡的。"她很有把握地说，虽然她还没养过小孩。

于是，那人的老伴把小家伙抱到浴室里，给它放了满满的一池热水，又给它的身体涂满了肥皂泡，然后在弥漫的水汽中给它搓身子，还唱起歌来：

"嘻嘻嘻，洗洗洗——洗洗洗，嘻嘻嘻——"

那人在外面听见老伴唱起了这首没有歌词的歌，那么的悠扬、嘹亮，不禁惊讶起来。他闭上双眼，细细地品味着。

好久没有这样的享受了。

洗完澡，小家伙的精神明显好了很多。那人更注意到，老伴脸色红润，仿佛年轻了二十岁。

"小家伙肯定饿了。"那人的老伴说道。

那人点点头，表示同意。

于是，那人的老伴赶紧钻回厨房，用她最喜欢的金鱼牌酱油，捣鼓出一碟香喷喷的鸡蛋炒面，上面还撒了一些绿绿的葱花。

那人的喉结动了一下，悄悄咽下一口口水。说实话，他有点羡慕小家伙。当然，他是不会说出来的。

不过，小家伙似乎对炒面没什么兴趣。它没有说话，只是痴痴地看着那人和他的老伴。

那人和老伴都摸不着头脑。不过，当老伴叫他吃掉那碟炒面时，那人暗暗舒了一口气。他甚至有些感激地看了小家伙一眼。他三下五除二就吃完了炒面，大概是怕小家伙反悔。嘿，老伴炒面的水平那是不用说的。

那人抹了抹嘴巴上的油星，有些不好意思地看了一下小家伙。

而小家伙呢，还是痴痴地看着他们。

那人的老伴沉吟了一会儿，说："你想来一杯牛奶吗？"

她倒了一杯牛奶，放在小家伙的面前。

但小家伙还是没反应，仍是痴痴地看着他们。

那人和老伴对望了一眼，不知怎么办好。虽然，他们读过一两个童话，但还没养过童话呢！

那人的老伴又沉吟了一会儿，说："要不我唱首歌给你听？"她想起很久以前，每当她难过的时候，她妈妈就唱歌给她听。

小家伙的眼睛一亮，意思是好的。

那人的老伴没有再唱那首没有歌词的歌。她想了很久，也等了很久，她竭力拨开脑海中的迷雾，以便一首她曾听过无数次的儿歌从遥远的年代向她传来。

>　杨树叶儿哗啦啦，
>　小孩儿睡觉找妈妈。
>　乖乖宝宝你睡吧，
>　麻胡子来了我打他。

嗯，有些歌词可能记得不太准确，但有什么关系呢！瞧，小家伙听得喜颜逐开的。听完后，它的脑袋晃了两下，就像一只蜗牛那样，静静沉入了睡眠的深处。

那人和老伴都松了一口气。二人小心翼翼地抱起小家伙，蹑手蹑脚，向家里唯一的床走去。

那人只好睡沙发了。不过，我可以告诉你们，那天晚上，那人和那人的老伴，还有小家伙，一觉睡到天大亮。

第二天如期而至。

小家伙的气色比前一日好多了。不过，它对那人的老伴用金鱼牌酱油精心炮制出来的美味花生粥还是没兴趣。

不过，这时候，那人和老伴都不着急了。他们从容地享用完早餐。那人还眯着眼睛，喝了一杯麻雀牌速溶咖啡。

就在喝咖啡的时候，他想出了一个办法，他说："不如带小家伙去树林里听鸟叫吧。"

"真是好主意！"那人的老伴由衷赞叹道。

于是，他们带上面包和水，用菜篮装着小家伙，一起慢慢向郊区走去。

很显然，小家伙喜欢野外，譬如，它时不时把头探出篮子，东张西望。它喜欢树林，譬如，它会在树林里跑来跑去，跟花朵、蘑菇和藤蔓捉迷藏。它喜欢鸟叫，譬如，它会随着鸟鸣的节奏，转了一个又一个圈，就像一只小鸡跳着天鹅舞。

那人和老伴放心了。他们让小家伙自个乐去。他们俩背挨着背，坐在稀疏的树林里，透过树叶的缝隙看天空，真是有一种神秘的宁静。好久没这么惬意了。那天籁一般的鸟鸣声和树叶的沙沙声，微风轻轻掠过头发，就像湖水渐渐注入原本已干涸的湖床。那人的背不知不觉直了一些。

兴致来了的时候，他们会叫小家伙趴在他们的大腿上，给它挠挠痒，然后读上一两个故事。

饿了的时候，他们就吃面包，把面包屑留给鸟吃。

那天晚上，小家伙不需要再听那人的老伴唱歌了，自己晃了一下头，就睡着了。

那天晚上，那人和老伴都相信，他们听见小家伙的身体里有一只鸟在唱歌。

第三天，小家伙开始在家里跑来跑去。

它打破了那人老伴的一只碗。"嗯，没事，那碗原本就破了一个口子。"那人的老伴这样安慰缩在墙角的它。

它打翻了那人的一瓶墨水。那瓶墨水很多年没用过了，都过期了，屋子里马上臭气弥散。那人挤着笑容，呵呵地说："别担心，别担心。"然后就急急脚，跑去打开门窗通风。

它还险些被那人踩了一脚。那人只好时刻留神，踮起脚走路，免得一不小心就把它踩死。

小家伙还撞到了桌角，把自己撞痛了，但它缩成一团，强忍住不哭。不过，那人发现，在它撞痛的地板上有一摊水，大概就是它的眼泪吧。

第四天，小家伙反过来要求他们讲故事了。

这让那人和那人的老伴感到为难。毕竟，他们还没试过给小家伙讲故事呢！

那人说，不如带你去游乐场玩！

但小家伙是固执的，它的眼睛一闪一闪的，盼望的目光不肯熄灭。

那人说，不如带你去吃冰激凌！他还笨拙地伸出舌头，模仿了一下舔冰激凌的动作，仿佛很陶醉的样子。

但小家伙根本不为所动，它在地上不停地打转，不再像小鸡跳天鹅舞了，而是像一只飞速旋转的陀螺，把那人的眼睛都转花了。

那人只好答应了。他从来没编过什么故事。他想了很久，才说出一句："从前，有一个男孩爬上屋顶，不肯下来。"

讲完了。那人忐忑地看着小家伙，希望它不会发脾气。

小家伙心情很好。它安安静静地坐着，等待下一个故事。

那人只好又抱头想了一下，说："从前，有一个男孩喜欢滚铁环，每天跑得汗水淋漓，就像一匹小野马。"

小家伙的眼睛亮了起来，意思是它喜欢这个故事，同时又期待下一个故事。

于是，那人又继续想。这次他想的时间不用那么长了。他说："从前，有一个男孩，他是一个王子，每天都很忙。"

小家伙瞪大眼睛，等待那人讲下去。

那人继续讲："每天早上，在他的朋友百灵鸟的提醒下，他总是起得很早，然后他跑去看鸡窝，看他的朋友母鸡有没有下蛋，然后倚在门口，听听朋友公鸡如何站在破败的墙头上啼鸣。"

小家伙忍不住轻轻学了一下鸡叫。

那人得到了信心，继续讲下去："每天，男孩放学回家后，他会第一时间拉他的老朋友大水牛去河边吃草，经过水井的时候，他会顺道问候一下住在水井里的青蛙，青蛙是一个热情朴实、值得交往的朋友。在青蛙的照料下，他菜地里的朋友，譬如油菜、菜心、白萝卜、西红柿、南瓜、辣椒、洋葱等等，会茁壮成长，把大自然的馈赠和男孩的友情，全都浓缩到饱满的果实里，如果你一口咬下去，准会汁液四溅，像个甜蜜的小炸弹。如果有远方的客人到访，一定会以为自己闯进某个富饶的国度而惊叹不已。事实上，在这位王子的照料下，这个小小的国度风调雨顺，国泰民安。有时候，这个男孩也会爬上一棵古老的龙眼树，这棵龙眼树是他最好的朋友。开心的时候，他会爬上龙眼树，和大树分享；难过的时候，他也会爬上龙眼树，接受大树沙沙沙的安慰。总而言之，这个小小的国度有一个王子和一群王子的朋友，他们度过了一段幸福的时光。"

在听故事的期间，小家伙还模仿牛叫、青蛙叫，模仿植物生长的过程，模仿爬树，上上下下，像一辆坦克。

听完故事后，小家伙便心满意足地睡着了。轻轻打着呼噜，像一只温柔的小猫。

那人久久地看着它，轻轻地说："谢谢你，我的王子。"

第五天，小家伙缠着那人的老伴讲故事。

那人的老伴早有准备。

她淡定地说:"从前,有一个女孩,家里很穷,每天只能粗茶淡饭,可是她的妈妈是一个魔法师,她的魔法杖不是一条木棍子,而是一瓶金鱼牌酱油。"

一种奇特的表情从小家伙的脸上浮现,它看了看摆在桌子上的那瓶金鱼牌酱油,充满了好奇。

那人的老伴继续说:"譬如,她爸爸从河里捉回一条鱼,她妈妈把鱼蒸熟后,会再烧些酱油拌着姜丝和葱花浇上去,一股无法形容的香气就会弥散整个屋子。又譬如土豆煮肉,肉是白白的,土豆是黄黄的,如果她妈妈再加一点点酱油,那色泽就会很好看的。小女孩还发现,就算仅仅是辣椒圈加一些酱油,也是味道好极了,可以送很多饭。"

小家伙不禁舔了舔嘴巴,那人的老伴看在眼里,但不动声色,继续讲下去:"小女孩认为这是金鱼牌酱油的功劳,决心要学会这个魔法。她天天都在练习。多年以后,她的魔法水平已经超过她妈妈了。有一天,一位王子从遥远的地方来,正好经过她厨房的窗前,而她正好炒好了一碟香喷喷的鸡蛋炒饭,用的正是金鱼牌酱油,而那王子的肚子正好咕噜咕噜地叫起来。那王子看着那碟诱人的鸡蛋炒饭,难为情地吞下一口又一口的口水。女孩便请他品尝。那王子一点也不客气，吃得狼吞虎咽，看得女孩直偷笑。吃完后，那王子不好意思地问，他明天可以再来吃这鸡蛋炒饭吗？女孩点点头。第二天，当那王子在同一个时间出现在女孩窗前的时候，女孩已经准备好一碟鸡蛋炒面，还撒了一些青菜粒。片刻

之后，王子便风卷残云一般，把全部炒面送进了自己的肚子里。那王子红着脸问，他以后可以天天来吃吗？女孩红着脸点点头。后来，那王子和女孩结婚了，天天吃女孩用金鱼牌酱油做的各种食物。他们生活得很幸福。"

在她讲这个故事的时候，那人的脸始终是红红的，像个红苹果，反复地搓手，搓完左手搓右手，沉浸在回忆当中。

讲完这个故事后，那人的老伴相信，小家伙的肚子唱起了咕噜咕噜的歌。不过，当她端出鸡蛋炒面的时候，小家伙还是没什么兴趣。

接下来的一些日子里，小家伙有了一些新变化。

譬如，有时候它会尝试吃一点水果，喝一些绿茶，之后它的身体也会变得有一点点发绿。

有一次，它还尝了尝那人的麻雀牌速溶咖啡。不过，它不喜欢那种古怪的味道，才刚喝进嘴巴，就吐掉了。

有一次，那人给它买了冰激凌，它一口咬下去，却被"烫"得惨叫一声。

当然，游乐场是要去的。其实，自从去了第一次后，小家伙几乎天天嚷着去游乐场呢。

有一次，小家伙生病了。那天晚上，它睡着以后，却在床上翻来覆去。那人摸了摸它的额头，温度是正常的。他们又检查了那天吃过的食物，似乎没有过期，或者受到污染。他们商量着要不要送小家伙去医院，但又拿不定主意：到底是送去正常的医院呢，还是动物医院呢？

他们想了很久。后来，那人的老伴终于回想起，那天他们讲的故事里有提到一个可怕的恶魔，可能那恶魔跑进小家伙的梦里，把小家伙抓住了。于是，那人赶紧编了一个非常勇敢的勇士的故事，让勇士进入小家伙的梦里，经过一番激烈的搏斗后，终于把恶魔赶跑了。随后，那人的老伴又编了一个天使的故事："从前，有一个天使，长得美丽动人……"

这样，小家伙才稳定下来，响起了均匀的呼吸声。他们才有时间，抹去一额头的汗。

有一次，他们去看完电影回来。那人抱着小家伙，它睡着了。不过，在差不多到家的时候，小家伙醒了，在那人的身上撒了一泡酣畅淋漓的尿。那人偷偷尝了一下，嗯，是绿茶加水果加冰激凌加咖啡的味道，还挺不错的。

他叫老伴也尝一尝。

那人的老伴舔了一口，便咧开因缺了门牙而漏风的嘴巴，嚯嚯嚯地笑了。

就这样过了三个多月。

"准确地说，是一百天。"那人坚持说。

好吧，在那人抱回小家伙一百天后的那个早晨，阳光早早就穿过树叶的空隙，照进他们的家，茶杯、碟子、桌子、地板、一盆雏菊和一个小小的书架，都觉得温暖极了。

那人还在睡梦当中。他梦见自己变成了一头狮子，正在沙滩上昂首迈步呢。突然，有什么东西蹦到了他的身上，把他吓了一跳。是敌人袭击吗？于是，他像一头雄狮醒来。他张开嘴巴，正要怒吼的时候，却看见一个白白胖胖的童子骑在他的身上，揪着他的头发，用清脆的、甜甜的声音叫道："爸爸，起床啦！"

那人愣住了，揉揉眼睛，发生什么事情了？做梦吗？

不是。童子扯他的头发是痛的。

那人是聪明的。他心里闪过一个念头。他连忙朝床上看去，小家伙不见了，老伴也不见了，却躺着一个年轻的女人，似曾相识。

那人吃惊不已。

童子从那人的身上翻下来，又跑去骑在年轻女人的身上，嘴巴不停地亲女人的脸，用甜甜的、清脆的声音叫道："妈妈，妈妈，起床啦！我要吃用金鱼牌酱油做的鸡蛋炒面！"

那女人醒来了。她刚梦见自己变成了一条美人鱼，在蔚蓝色的海洋里游弋。

她看到童子，同样吃惊不已。

几分钟后，年轻的爸爸、年轻的妈妈和童子一起站在镜子前面，反反复复地打量着自己。

再过几分钟后，年轻的妈妈做好了一大碟鸡蛋炒面，还撒上几滴金鱼牌酱油，芳香扑鼻。那童子可喜欢吃了，吃了一碗又一碗，直到肚子鼓鼓的。而年轻的爸爸呢，吃完鸡蛋炒面后，又从容地享用了一杯麻雀牌咖啡。

这样的早晨好极了。他们三人都这样想。

然后，年轻的爸爸和年轻的妈妈拉着童子，高高兴兴出门去了。他们和遇到的每个人都打了招呼。可是，街坊们谁也不认识他们，以为是新搬来的住户。

作家的故事

陈诗哥，中国作协儿童文学委员会委员，广东作协主席团成员、儿童文学委员会主任。《宇宙的另一边》入选人教社统编版小学语文三年级下册。曾获全国优秀儿童文学奖、冰心儿童文学奖、广东鲁迅文学艺术奖等，四次获得《儿童文学》金近奖，五次获得《儿童文学》擂台赛奖，被评为中宣部宣传思想文化青年英才、《儿童文学》六十周年荣誉作家、中国寓言文学研究会四十周年优秀作家、广东省中青年德艺双馨作家等。《一个迷路时才遇见的国家和一群清醒时做梦的梦想家》入选德国白乌鸦书目、获得中国寓言文学金骆驼奖·黄金奖等。

我的小时候

小时候，我没有看过童话。

不仅没有读过童话，我甚至不知道童话这个词语。

我在一个平凡的村庄出生、长大。那个村庄很平凡，就像一堆牛粪那么平凡。可是，即使一堆牛粪，有时候看起来，也会像月亮一样美妙。所以我经常有一个比喻，我把牛粪比喻为"黑色的月亮"。我很喜欢这个比喻，我觉得这是对"牛粪"的重新命名，因为从这个比喻来看，鲜花插在牛粪上，是一种光荣！

我没有见过我爷爷，他在我父亲十多岁时就去世了。我甚至没有见过我奶奶，她去世时我只有几个月大。因此我并没有享受到听爷爷奶奶讲故事的快乐时光。但没关系，我照样在我爷爷奶奶玩过的泥浆里快乐地长大了。

我相信，我爷爷奶奶也有过小时候。我相信，他们的童年肯定十分精彩。于是，我开始想象，他们会怎样度过他们的童年呢？这是一个很有趣的问题。我就在那里想啊想啊。于是，我就开始编造"我爷爷奶奶"系列。只有这样，我才不会羡慕别人有爷爷奶奶讲故事。这个系列，基本上是采用了我自己的童年故事。

我的父母，一个是工人，一个是农民，他们的故事便是忙着养家糊口，他们压根没空管我，而我的故事却因此开始了。

因为没人管我，我便可以和伙伴们整天在田野里撒野，那些被祖祖辈辈嬉戏过的泥土，在我们手中玩得出神入化：打泥仗、打泥砖、捏出各种各样想象中的动物……

打泥仗是最刺激的，不像扔石子会击伤人，在泥弹中东避西闪，然后竭力还击，这个游戏磨炼出我们的好身手。我们曾经用火柴盒，打出一个个小泥砖，梦想建一座摩天大楼，但还没建到一半，一场大雨让我们的努力付诸东流。

最有趣的是，我们在田野上玩累的时候，我们会一起站在田埂（gěng）上，齐刷刷地脱下裤子，撒尿，看看谁撒得更远。当然，有时候，我们也会躺在禾地，也就是晒谷场，仰望头上的星空，陷入了痴想……

有空的时候，我们会在村里滚铁环，或者骑着想象中的骏马，奔驰在想象中的草原上，巡视每一个部落。后来，我写出《国王的奔跑》，这便是原型。

在我家门口的侧边，有一口鱼塘。那时候我每天都对着它，觉得它很大，鸭子很威武地迎风畅泳，像一支舰队。我曾在里面无数次地游泳，在四五岁时还差点被淹死。在我的心中，它就是我的大海。后来我离开家乡，十五年后才回去，看到那口水塘时，大失所望：那口水塘怎么会变得那么小呢？我苦思了很久。很久我才明白过来：那时候我还小。

志学之年，15岁的陈诗哥

于是，我蹲下身子，恢复到童年时的高度：那口小水塘顿时恢复了大海的壮观，鸭子舰队巍（wēi）然地在大海上巡视了一圈又一圈。为此，我写出了《大海在哪里》。

可以说，小时候我虽然没有看过童话，却是生活在一个童话的世界里。